上海立信会计金融学院
SHANGHAI LIXIN UNIVERSITY OF ACCOUNTING AND FINANCE
1928-2018

本系列图书由上海立信会计金融学院
学术出版专项资金资助

1928-2018

序伦财经文库

跨组织团队的创新管理

陈志 ⊙ 著

立信会计出版社

图书在版编目(CIP)数据

跨组织团队的创新管理/陈志著. —上海：立信会计出版社，2018.8

(库伦财经文库)

ISBN 978-7-5429-5905-8

Ⅰ.①跨… Ⅱ.①陈… Ⅲ.①企业—组织管理—创新管理—研究 Ⅳ.①F272.9②F273.1

中国版本图书馆 CIP 数据核字(2018)第 194712 号

策划编辑　窦瀚修

责任编辑　方士华　孙　勇

封面设计　南房间

跨组织团队的创新管理

出版发行	立信会计出版社		
地　　址	上海市中山西路 2230 号	邮政编码	200235
电　　话	(021)64411389	传　　真	(021)64411325
网　　址	www.lixinaph.com	电子邮箱	lxaph@sh163.net
网上书店	www.shlx.net	电　　话	(021)64411071
经　　销	各地新华书店		

印　　刷	江苏凤凰数码印务有限公司		
开　　本	710 毫米×1 000 毫米	1/16	
印　　张	9	插　　页	1
字　　数	112 千字		
版　　次	2018 年 8 月第 1 版		
印　　次	2018 年 8 月第 1 次		
书　　号	ISBN 978-7-5429-5905-8/F		
定　　价	39.00 元		

序

经济全球化带来了激烈的市场竞争，单个组织为了生存和发展，纷纷制定跨组织合作战略。尤其是在知识经济的环境中，单个组织仅仅依靠自身的知识和资源从事复杂产品或服务的创新变得愈加困难，这促使管理者们逐渐意识到，需要借助外部组织的知识和资源来弥补自身创新能力的不足。因此，在新的时代背景下，跨组织合作创新正日益成为组织开展创新的一种重要方式。目前，在广告、建筑、生物医药、互联网技术、管理咨询等诸多行业，跨组织合作创新正如雨后春笋般地涌现。

跨组织合作创新的形式有很多种，如建立战略联盟、专利授权、外包等。其中，合作方组织联合成立跨组织团队是一种常见的形式。以供应链上下游企业为例，随着客户企业对定制化产品或服务的需求愈加高涨，许多供应商企业开始采用跨组织团队的方式来积极响应客户日益增长的专业化需求，如要求联合开发新产品、提供客户体验方面的咨询服务等。

与传统的单个组织内的团队相比，跨组织团队至少有两方面的特点。首先，跨组织团队成员来自不同的合作方组织，因而代表的是不同的组织利益。例如，来自不同合作方的成员在进行知识分享时，掌握专利技术的一方往往会对合作方成员进行知识隐藏等。其次，跨组织团队被赋予的是从事跨越组织边界的合作创新活动，这意味着，跨组织团队需要管理好不同合作方成员的身份认同、任务目标、风格偏好等来达到合作创新的成功。因此，跨组织团队尽管被认为是一种有效的合作创新形式，却依然面临着较高的失败率。例如，在建筑设计、工程建造、大型机械等行业，有50%～60%的跨组织团队不能成功完成合作创新任务。迄今为止，跨组织团队如何整合合作方组织的资源来促进合作创新的成功，仍面临着复杂而艰巨的管理挑战，故而成了学者和管理者们关注的难题。

探索和解决这一管理实践难题，也成了本书写作的初衷和原动力。本书作者长期以来一直致力于跨组织合作创新的相关研究，并在跨组织团队的创新管理领域做了深入的理论研究。本书直面中国情境下跨组织团队的创新管理问题，内容包含了从领导力、团队冲突、认知风格等角度对跨组织团队创新机理的研究，重点关注了跨组织团队的分享式领导、团队成员间的认知和关系冲突，以及团队成员的中庸思维，是否以及怎样影响团队层面和个人层面的创新。

本书的理论意义在于，以往关于跨组织合作创新的研究，大多聚焦于组织层面探讨合作方组织的相互关系对合作创新的影响，而忽略了来自不同合作方的成员在合作创新中的作用。本书针对跨组织团队成员在合作创新中的作用，构建了一个比较完整的实证研究系列，在做出力所能及的贡献的同时，也有利于激起这一主题的活跃、系统的研究。另外，企业孵化器和科技园区的建立、知识产权保护法律法规的健全、鼓励校企合作等政策的出台，说明国家愈加重视并大力扶持跨组织合作创新的发展。面对中国的跨组织合作创新迎来的历史机遇,发展有关中国情境下跨组织合作创新的系统性理论,对于学者和管理者们都是至关重要的。本书即是为满足这一巨大需求的抛砖引玉之作。

本书也为中国的跨组织团队的管理者们提供了一些实践启发,包括如何运用分享式领导、团队冲突和中庸思维的管理策略,来激励增加跨组织团队及成员的创新。本书以中国情境下的跨组织团队为研究对象,研究结论不能轻易推广到其他国家情境。因此,对于跨组织团队的创新管理感兴趣的学者和管理者,未来可以收集其他国家跨组织团队的有关信息,进行国别比较研究,进一步丰富跨组织团队的创新管理理论和实践。

综上所述,本书有两个显著的特色:第一,从多角度系统地研究了跨组织团队的创新机理。本书弥补了有关跨组织团队创新研究的不足,为一个重要的、尚未经过仔细研究的新兴研究领域贡献了新的知识,并为未来可能的研究提供了许多令人激动的研究基础。这是任何一个对跨组织合作、团队创新和个人创新研究感兴趣的学者或相关从业者的重要资源和宝贵财富。第二,研究了中国情境下跨组织团队的创新管理问题。本书不但使学者或管理者能够了解最新的西方情境下的相关研究,以及这些研究在中国的适用性,而且还通过研究具有中国文化特征的创新现象,为中国情境下跨组织团队的创新管理提供了深刻的见解。

本书的面世,是本书作者多年来的心血和汗水的结晶。他把自己多年来的研究积累编撰成书,与读者分享,希望给学者和管理者提供一个便捷的途径来了解跨组织合作创新的相关研究。同时,也希望能吸引越来越多的学者加入跨组织合作创新的研究队伍中来。另外，本书也为这个时代勇于挑战、善于践行的跨组织合作创新的管理者和相关从业者们，提供了宝贵的经验哲学。亟待大家用积累的知识为跨组织合作创新理论和实践贡献新的内容，闪耀自己明亮的光芒！

古继宝
中国科学技术大学教授、博士生导师
中国科学技术大学研究生院副院长
2018年8月

前　言

为了应对内部资源不足和外部市场变化，组织往往通过建立跨组织团队的方式从事创新活动。跨组织团队是这样一种团队：团队成员来自不同的合作方组织，共同完成合作任务。例如，苹果和三星公司会与他们的供应商合作建立团队研发新产品；IBM和微软公司也会与大学或科研机构合作成立团队从事基础研究。由于团队成员来自不同组织，跨组织团队的创新管理面临着诸多困难：如何管理不同组织文化带来的冲突、如何领导跨越组织边界的决策、如何应对多样化的知识观点给团队成员带来的认知挑战等。相对于传统的单个组织内团队的创新管理，上述困难对跨组织团队的创新管理提出了更高的要求。

针对跨组织团队的创新管理，我从到中国科学技术大学攻读博士学位开始，就进行了系列研究。首先完成的研究是跨组织团队中不同类型的冲突对于团队创新的影响。研究发现，关系冲突会负向影响团队创新，而任务冲突会对团队创新呈倒U型影响。基于情境理论，进一步发现冲突与团队创新的关系会受到团队领导力的影响。考虑到跨组织团队中合作方成员的权力对称有利于跨组织合作的努力，进而关注了分享式领导。研究结论表明，分享式领导对冲突与团队创新的关系起到调节作用。分享式领导力越高，关系冲突与团队创新的负向关系会越弱，任务冲突与团队创新的倒U型关系会越强。在完成了第一个研究之后，我在导师古继宝教授以及指导老师刘和福教授的大力支持下，又陆续进行了另两个研究，分别是跨组织团队中分享式领导对于团队和个人创新的影响，以及团队成员的中庸思维这种认知风格对于个人创新的影响。至此，通过团队冲突、领导力、认知风格等不同的研究视角，构建起了跨组织团队创新研究的一个比较完整的实证研究系列。

我从2017年开始在上海立信会计金融学院从事管理学领域的教学与研究工作。刚开始，我就考虑立足于自己的研究基础，撰写有关跨组织团队的创新管理的教学与研究用书。本书的理论意义主要有以下几点。第一，拓展了跨组织合作创新的相关研究。本书以跨组织团队为研究对象，关注了团队层面的跨组织合作创新管理；研究了跨组织团队中的三个重要问题，即团队冲突、分享式领导以及中庸思维对创新的影响。第二，拓展了团队冲突的相关研究。不但研究了跨组织团队中冲突对创新的影响，而且考虑了分享式领导对冲突与创新关系的调节作用。第三，拓展了分享式领导的相关研究。一方面，将领导力研究领域中分享式领导的概念引入跨组织合作研究领域；另一方面，探索了跨组织团队中分享式领导对创新的跨层次影响机理。第四，拓展了中庸思维的相关研究。在跨组织团队情境下挖掘中庸思维的概念内涵，研究了跨组织团队的任务互依性对于中庸思维与个人创新关系的调节作用。

本书也可为跨组织团队的管理者提供了一些实践启发。首先，要监督和干预团队冲突。例如，监控和及时制止团队中出现的关系冲突；将适度的任务冲突有利于团队创新的理念传达给员工，并构建起交流工具和渠道使合作方成员可以表达自己的不同观点。其次，要积极推广分享式领导。例如，鼓励合作方成员相互交流、相互监督、共同决策等。另外，管理者需要注意分享式领导与任务互依性的平衡。当跨组织团队面临较低水平的权力分享时，管理者需要设计团队的任务结构来提高合作方成员间的任务互依性。例如，在分配团队任务时，让个人的工作任务得到其他合作方成员的更多支持和协作。再次，要提高员工的中庸思维水平。例如，鼓励员工从多角度思考问题，鼓励员工吸取和整合他人观点等。最后，管理者要意识到员工的中庸思维与个人创新的关系会随着团队任务互依性的变化而变化。当团队员工的中庸思维水平较低时，管理者需要提高合作方成员间的任务依赖程度。

本书的撰写和出版离不开很多人的支持和共同努力，我个人的力量实在微不足道，希望借此机会向所有帮助过我的人表示感谢。首先，我要特别感谢中国科学技术大学研究生院副院长古继宝教授和国家“优秀青年基金”获得者刘和福教授。在对我的培养过程中，两位恩师一丝不苟、逐字逐句地为我修改论文，没有半句怨言，也不计任何回报；这种随风潜入夜、润物细无声的栽培，为我今后的人生留下了深刻的烙印——尽管时光飞逝，两位恩师的科研境界、道德品质和人生修养却一直历历在目。值得一提的是，本书的第三章和第四章都出自我与两位恩师合作发表的论文，而且本书的成书过程也得到了两位恩师无私慷慨的帮助和不辞辛劳的指导。在此，我向导师古继宝教授、刘和福教授致以最崇高的敬意。其次，我想向我求学期间导师团队中的其他老师和同学们表达无尽的感激之情，因为在我的生命中，他们给予了无条件的支持和帮助，尤其是中国科学技术大学的吴剑琳老师，她为我论文的构思和写作提供了全方位的指导和协助，以及吴蔚、周立影、李峰、何昌清、宋君、陈诚、卫寒阳等同窗好友长久以来对我的关心、陪伴和鼓励。再次，我要特别感谢父母几十年如一日地对我含辛茹苦的养育，以及妻子黄胜兰女士一直以来对我的包荒匿瑕和无私付出。最后，衷心感谢上海立信会计金融学院的领导和各位同事对于本书出版所给予的全方位支持和协助，以及立信会计出版社的孙勇编辑在本书的编辑过程中所做的努力和贡献。

由于水平有限，加之成书时间仓促，难免有不妥之处。有关本书的任何意见和建议，恳请各位同仁直接发至我的邮箱 chenzhi@lixin. edu. cn，我在这里表示诚挚衷心的感谢。

陈　志

2018 年 8 月于上海

目　　录

1 导　　论

1.1 研究背景

从组织内部来看，单个组织往往面临着创新资源不足、内部创新的时间消耗过大、对组织既定结构或工作流程的路径依赖以及内部创新能力不足等挑战（Van Gils，1998；Faems 等，2005；Puranam 等，2006）。从外部环境来看，单个组织也面临着市场的不确定性、竞争对手的压力以及高度动态的技术更新等挑战（Enz 和 Lambert，2012；Ketchen 等，2007）。因此，组织面临的内外部挑战使组织纯粹依靠内部创新，具有较高的失败风险，从而为组织间进行合作创新提供了机遇（Ketchen 等，2007）。如今，合作创新，即单个组织通过与其他组织合作来从事创新活动，已经成为一种常见的组织创新方式（Faems 等，2005；Ketchen 等，2007）。

合作创新的类型有很多种，如战略联盟、专利授权等。其中，合作方组织合作成立跨组织团队是一种常见的类型（Donati，2013；Wang，1997；Zuckerman 和 Higgins，2002）。跨组织团队是这样一种团队：团队成员来自不同的合作方，他们一起合作完成跨组织合作项目，如新产品的开发等（Enz 和 Lambert，2012）。跨组织团队的优势在于，团队的运营过程有利于合作方组织的异质性资源的高度整合（Mancuso 和 McNeese，2012；Nieto 和 Santamaría，2007；Provan 和 Kenis，2008；

Rosenkopf 和 Almeida，2003)。

尽管跨组织团队有其优势，但是在实践中，跨组织团队的运营管理面临着很大的挑战(Faems 等，2005)。例如，来自不同合作方的成员在享有高度化整合资源的同时，也会因不同的组织文化、战略目标和工作风格(Drach-Zahavy，2011；Gelfand 等，2007)，而产生观点上的或者情感上的冲突。这些挑战都会对跨组织团队创新的成功产生影响(Ketchen 等，2007；Lynch 等，2014；Zhang 和 Zhang，2013)。据统计，在建筑设计、建造、大型机械研发等行业，有 50%～60%的跨组织团队不能成功完成合作创新任务①。因此，跨组织团队面临的一个重要的实践问题就是，如何提高或促进跨组织团队的创新。

团队创新指的是由团队成员一起提出的新颖且有用的观点、创意等(Gong 等，2013；Shin 和 Zhou，2007)。关于团队创新的研究，一个重要的研究分支就是研究团队因素对于团队创新的影响(Eisenbeiss 和 Van Knippenberg，2008；Shin 和 Zhou，2007)。对于跨组织团队来说，来自各合作方的成员由于不同的工作目标、技能、能力和工作方式，很容易产生冲突(Chua，2013；Badke-Schaub 等，2010)。因此，合作方成员间的冲突是跨组织团队中一个很显著的现象(Zhang 和 Zhang，2013；Siebdrat 等，2014)。尽管有学者认为合作方成员间的冲突可能不利于跨组织团队的创新(Duarte 和 Davies，2003)，但是现有的研究更多地强调合作方成员间的信任、知识分享等积极因素对于跨组织团队创新的影响(Faems 等，2005；Lui 等，2006；Zhang 和 Zhang，2013)，很少有研究探讨跨组织团队中的冲突对团队创新的影响。为了深入研究跨组织团队中冲突与团队创新的关系，以往文献强调了领导力很重要(Ayoko 和 Härtel，2006)。例如，Hendel 等(2005)指出“领导力和冲突管理策略的选择，可以强烈地影响冲突导致的结果”。考虑到“跨组织合作的创新项目涉及的合作方成员，往往缺乏正式的团队结构和权威的控制制度”(Rese 等，2013)，合作方成员共同拥有领导角

① 参见：https://www.reading.ac.uk/designinnovation/ResearchProjects/Visual_Objects_and_Practices.aspx。

色或执行领导行为,对于合作创新十分必要(Robert, 2013)。因此,本书关注到分享式领导,因为在跨组织团队中分享式领导会将领导权下放给合作各方的成员(Thorpe 等,2011)。综上,本书的第一个研究目的就是实证研究跨组织团队中的冲突对团队创新的作用机理,以及任务互依性对分享式领导与创新关系的调节作用。

既然分享式领导在跨组织团队中具有重要作用,本书的第二个研究目的就是跨层次研究跨组织团队中分享式领导对团队及个人创新的作用机理,以及任务互依性对分享式领导与创新关系的调节作用。一些学者已经研究了领导力跨层次对团队(或组织)及个人创新的影响。例如,Yoshida 等(2014)研究了服务型领导对于团队创新和个人创新的作用机理,发现,服务型领导可以通过领导的表率作用正向影响团队创新,也可以通过员工对领导的认同正向影响个人创新。Gumusluoglu 和 Ilsev(2009)表明,变革型领导可以通过影响个人的心理过程,正向影响组织和个人创新。但是,目前关于分享式领导跨层次影响团队创新及个人创新的文献还很缺乏。而创新多层次理论(Multilevel Theory of Creativity)指出,团队在创新时既包含团队创新过程,又包含个人创新过程,且团队创新不等于个人创新的简单加总(Anderson 等,2004; Drazin 等,1999)。因此,创新多层次理论也呼吁将团队创新和个人创新整合在同一研究框架内,研究同一前因变量对团队及个人创新的作用机理是否会有所不同(Gong 等,2013; Zhou 和 Shalley, 2008)。在众多的前因变量中,领导力对团队创新或个人创新的重要作用被广泛研究(Srivastava 等,2006)。考虑到分享式领导跨层次影响团队及个人创新的研究缺乏,跨层次研究跨组织团队中分享式领导对团队及个人创新的作用机理,显得十分重要。为了深入研究领导力对创新的作用机理,领导力理论指出,领导力的有效性会受到团队任务特性的影响(Day 等,2006)。在跨组织团队中,任务互依性是个非常重要的团队任务特征变量(Dekker, 2004)。因为对于跨组织团队,工作任务需要细分给合作各方的成员,使合作各方的成员通过完成各自不同的任务从而达到完成团队的任务。此时,任务互依性不仅代表合作各方成员正式的、固定的任务角色，还反映了各合作方成员间相对稳定的工作中相互依赖的关系（Van Der Vegt 和 Van De Vliert，2005）。考虑到很少有研究探讨任务互依性对于分享式领导与创新关系的调节作用，本书的第二个研究目的，就是跨层次研究跨组织团队中分享式领导对团队及个人创新的作用机理，以及任务互依性对分享式领导与创新关系的调节作用。

以往文献进一步揭示了，团队创新的过程蕴含着个人创新（Drazin 等，1999；Gong 等，2013）。例如，Drazin 等（1999）指出，“团队创新需要个人先积极从事创新活动”。因此，为了深入研究如何提升跨组织团队的创新，还需要研究如何促进跨组织团队中的个人创新。以往的研究强调了认知风格是个人创新的一个重要前因变量，并且呼吁深入研究认知风格对于个人创新的作用机理（Shalley 等，2004）。顺应这一呼吁，本研究关注到中庸思维这一体现了中国文化特征的、中国人常见的认知风格（杨中芳，2010）。特别地，对于跨组织团队来说，多样性的文化背景、工作方式和知识信息等，使跨组织团队内同时存在着多元观点（Hong 等，2000；吴佳辉和林以正，2005）。这就为具有中庸思维导向的人提供了多角度思考问题、整合不同观点的机会，使中庸思维可能会对其个人的行为结果（包括创新）产生影响。目前，很少有文献研究中庸思维对个人创新的影响，特别是在跨组织团队情境下。因此，研究跨组织团队内中庸思维对个人创新的影响十分必要。另外，创新交互理论（Interactionist perspective of creativity）认为，当个人的工作任务需要与其他团队成员高强度的协作时，个人的认知风格就不足以解释个人创新绩效了，因为此时个人认知风格已经不足以帮助个人全面了解和判断整个团队的运作过程，而团队的运作过程对于个人创新的提升又十分关键（Katz-Navon 和 Erez，2005）。因此，团队的任务特征会影响个人认知风格与个人创新的关系（Carmeli 和 Paulus，2015；Dul 等，2011）。考虑到本书第二个研究探讨了任务互依性的调节作用，本书将会继续考察任务互依性对中庸思维与个人创新关系的影响。因此，为了弥补中庸思维与个人创新关系研究的不足，本书的第三个研究目的是研究跨组织团队内中庸思维对个人创新的作用机理，以及任务互依性的调节机制。

1.2 研究问题和研究目标

本书将运用创新多层次理论、冲突的情境理论、领导力理论和创新交互理论，构建跨组织团队情境下，团队冲突、分享式领导和中庸思维对团队及个人创新的影响模型。本书力求能丰富现有的关于跨组织合作创新的研究，特别是跨组织团队创新的研究；同时，深化现有的关于团队冲突、分享式领导和中庸思维对跨组织团队及个人创新的作用机理的认知。具体来说，包括以下三个研究问题。

(1) 跨组织团队中，团队冲突对团队创新的作用机理。

(2) 跨组织团队中，分享式领导对团队和个人创新的跨层次作用机理。

(3) 跨组织团队中，中庸思维对个人创新的作用机理。

基于上述三个研究问题，本书的目标如下。

(1) 团队冲突包括任务冲突和关系冲突两种类型，本研究将考察跨组织团队中，两种不同类型的冲突对团队创新的潜在的不同作用机理，以及两种不同类型的冲突与团队创新的关系是否受到团队的情境因素——分享式领导的调节作用。

(2) 考虑到以往文献呼吁研究领导力同时对团队及个人创新的作用机理，本研究将考察分享式领导是否会通过知识分享同时影响团队和个人创新，以及团队的任务互依性是否会调节分享式领导与团队及个人创新的关系。

(3) 儒家思想是中国文化的典型代表，而中庸思维又是儒家思想的核心。中庸思维是中国人常见的一种思维方式。本研究将探索跨组织团队中个人的中庸思维是否会影响个人创新；并且继续考察任务互依性是否会调节以及如何调节中庸思维与个人创新的关系。

1.3 研究框架

本书分为六章内容，具体安排如下。

第一章：导论。首先，系统地介绍了跨组织团队创新的实践背景和理论背景、归纳出研究问题以及其重要性和必要性。其次，介绍研究问题及研究目标。再次，总括研究架构和技术路线图。最后，阐明研究意义。

第二章：文献综述。回顾跨组织团队、创新、团队冲突、分享式领导以及中庸思维的相关文献，梳理出现有研究存在的不足之处，提出本研究的研究问题。

第三章：团队冲突对研团队创新的作用机理研究。基于团队冲突的分类，实证分析任务冲突和关系冲突对跨组织团队创新的潜在不同作用机理。结合情境理论，实证研究团队的分享式领导对两种冲突与跨组织团队创新关系的调节作用。

第四章：分享式领导对团队及个人创新的作用机理。考虑到第三章研究结论表明的跨组织团队中分享式领导的重要性，本章将实证研究分享式领导是否会通过知识分享同时影响团队和个人创新，以及任务互依性对中介过程的两个阶段的调节作用。

第五章：中庸思维对个人创新的作用机理。考虑到团队创新的过程蕴含着个人创新，以及团队创新需要个人先积极从事创新活动，本章将立足于研究个人的中庸思维对个人创新的影响。基于创新交互理论，还将继续分析团队的任务互依性是否会影响中庸思维与个人创新的关系，以及是否能够通过知识分享的中介作用发挥对中庸思维与个人创新关系的调节作用。

第六章：研究结论与对策建议。首先，总结本书的主要研究结论。其次，分析研究结论具有的理论意义和实践启发。最后，指出本书的不足之处，展望未来可能的研究。

1.4 研究方法与技术路线

首先，基于文献调研法，本书收集并整理了有关跨组织团队、团队与个人创新、创新多层次理论、团队冲突、中庸思维和分享式领导的文献。基于比较分析法，总结现有研究的现状以及研究的不足之处。

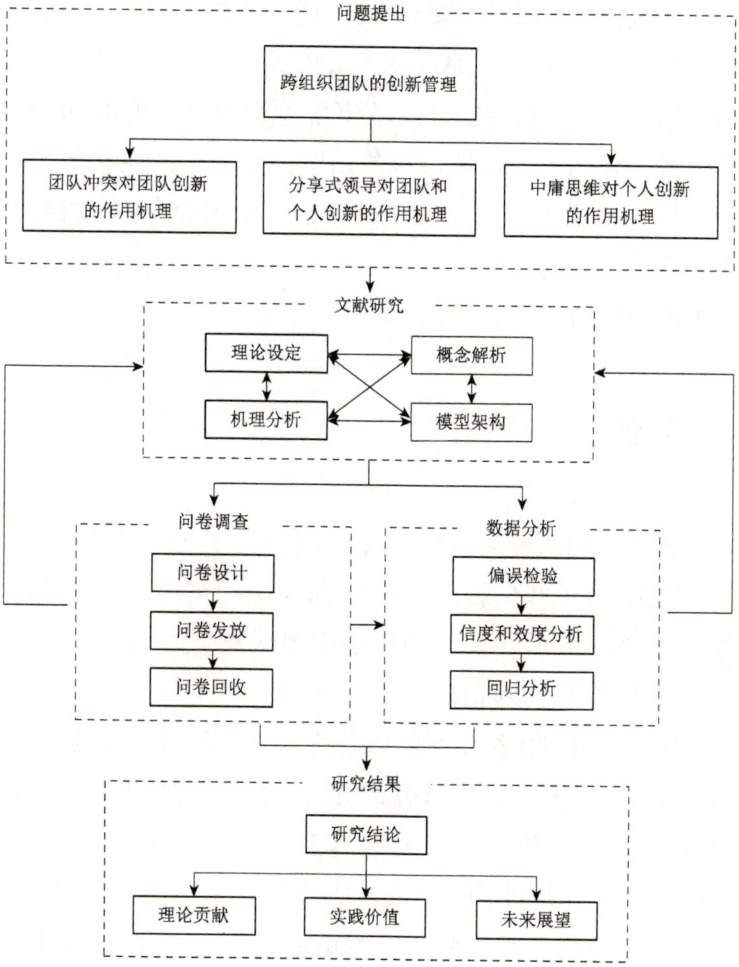

图 1.1 技术路线图

其次，基于文献推理法，本书提出了待研究的三个问题(即模型)，以及相应的假设。对于模型中出现的变量，基于文献分析法，本研究找到了测量量表，并且编织成问卷。然后通过问卷调研法，实地发放问卷，收集数据，从而为实证检验假设做铺垫。

最后，基于统计分析法，利用统计软件(例如，SPSS，HLM 等)，对问卷收集的数据进行检验和分析。具体说来：①基于 SPSS 软件对原始样本进行信度和效度分析，保证数据质量，以便为后续分析的严谨性和科学性做铺垫。②基于逐步回归分析，分析自变量与因变量的关系，例如，分析任务冲突、关系冲突与团队创新的关系，以及分享式领导的调节作用。③基于跨层次分析，分析多层次模型。例如，分析团队层次的分享式领导同时对团队层次的团队创新与个人层次的个人创新的影响，以及团队层次的任务互依性对个人层次的中庸思维与个人创新关系的调节作用。

本书的技术路线图如图 1.1 所示。

1.5 研究创新点

基于跨组织团队创新的研究背景，本书运用创新多层次理论、情境理论、领导力理论和创新交互理论，从团队冲突、分享式领导和中庸思维等方面，深入研究了跨组织团队中团队及个人创新的形成机理。本书的主要创新点总结如下。

(1) 基于跨组织合作创新的研究背景，探索了跨组织团队中团队和个人创新的形成机理。大部分跨组织合作的文献，聚焦于组织层面研究合作方组织的相互关系对合作创新的影响(Faems 等，2005；Lengers 等，2013；Stock 和 Tatikonda，2008)。一些学者已经指出，合作方成员的关系会在很大程度上影响跨组织合作的努力(Bailey 和 Koney，2000；Zhang 和 Zhang，2013)。考虑到跨组织团队已经成为一种跨组织合作的有效方式，本书探讨了跨组织团队中，合作方成员间的冲突、任务互依性、分享式领导等对于团队或个人创新的影响。而目前,关于跨组织团队(即团队层面)的创新机理的研究还很缺乏。因此,本书丰富了跨组织合作和创新领域的研究。

(2) 实证研究了冲突对跨组织团队创新的影响。以往跨组织合作的研究更多地将冲突看成一个整体的概念,而忽略了对不同类型的冲突的研究(Panteli 和 Sockalingam, 2005; Lengers 等,2013)。本书将冲突分解为任务冲突和关系冲突两种类型,分别探讨了两种类型的冲突对跨组织团队创新的不同影响;同时实证检验了跨组织团队的情境因素——分享式领导对于两种冲突与团队创新关系的调节作用。因此,本书有利于理解跨组织团队情境下冲突对团队创新的影响机理。

(3) 实证研究了分享式领导在跨组织团队创新中的角色。以往研究指出了分享式领导对于团队合作或团队创新的影响(Davis 和 Eisenhardt,2011; Muethel 和 Hoegl, 2010)。但是,很少有研究探索分享式领导对于冲突与创新关系的影响。同时,关于领导力与创新关系的研究往往只研究团队层次或个人层次(Shin 和 Zhou, 2007; Zhou 和 Shalley, 2003)。本书既检验了分享式领导对于冲突与团队创新关系的调节作用,又检验了分享式领导跨层次影响团队和个人创新的机理,从而拓展了分享式领导和创新领域的研究。

(4) 实证研究了跨组织团队情境下中庸思维对个人创新的影响。虽然以往研究强调了认知风格对个人创新的重要影响(De Stobbeleir 等,2011; Sagiv 等,2010; Tierney 等,1999),但很少有研究关注中国文化中的中庸思维对个人创新的影响。本书基于创新交互理论,探讨了跨组织团队情境下中庸思维与任务互依性的交互作用对于个人创新的影响。因此,本书的研究结论不但丰富了认知风格对个人创新的影响机理研究,而且拓展了创新交互理论在跨组织团队情境下的应用。

2 文献综述

本章我们将对与本书出现的概念相关文献进行介绍和梳理。具体说来，我们将对关于跨组织团队、团队及个人创新、团队冲突、分享式领导和中庸思维等的相关文献进行综述。相关的文献综述将有利于加深理解本书中出现的管理学概念和研究问题，为本书后续几章假设的提出做铺垫。

2.1 跨组织团队综述

为了应对日益增长的市场竞争压力和快速变化的技术革新，单个组织往往会选择与其他组织合作，通过共享各自资源和联合采取行动的方式，更有效地开展创新活动(Donati, 2013; Van Gils, 1998)。不同的组织之间合作创新的形式有很多种，其中一种被广泛采用的形式就是跨组织团队(Wang, 1997; Bstieler 和 Hemmert, 2010)。例如，B2B 市场上企业往往面临着强势的、有定制需求的顾客(Stock 和 Hoyer, 2005)，当产品和服务变得越来越复杂、对技术要求越来越高，并且顾客对定制化的需求也越来越挑剔时，许多供应商企业开始采取项目团队的方式来满足客户日益增长的需求(Perry 等，1999)。在这种情形下，供应商企业往往会与客户企业合作成立跨组织团队(例如，合作进行新产品的开发)，该团队成员既有来自供应商的代表、也有来自客户企业的代表(Stock, 2006)。实际上，其他文献也指出了，在 B2B 市场上，跨组织团队已经成为一种应对客户日益增长的专业化的需求(Durand, 2002; Stock, 2006)的有效方式。除 B2B 市场之外,还有一些行业也广泛采用跨组织团队。例如,建筑设计、建造、大型机械制造等行业经常采取跨组织的项目团队的方式,在材料、工作流程等方面进行跨组织的创新活动(Homayouni 等,2010)。具体说来,在建筑设计、建造、大型机械制造等行业,合作方组织往往乐于联合成立跨组织团队,来进行新产品的研发以最大化满足客户需求,加强合作方组织相互间的学习和减少研发成本及时间(Bstieler 和 Hemmert, 2010)。就像 Drach-Zahavy(2011)声称的那样,“相对于传统的单个组织内的工作团队,跨组织团队更能有效应对跨越组织边界的活动,更能与外界合作方建立良好的外部关系,更能协调满足不同合作方的利益需求”。

跨组织团队的创新需要整合合作方组织的专业知识、技术和其他资源,以使创新观点或想法能够在团队内得到顺利执行,并且达到合作各方的共同目标(Shin 和 Zhou, 2007; Yong 等,2014)。为了成功地完成合作创新任务,跨组织团队能够聚集各合作方组织的技术、资金以及其他异质性的资源(Swallow 等,2015)。相对于传统的单个组织内的工作团队,跨组织团队拥有一个优势,即跨组织团队享有一个高度化整合的异质性资源、观点(Jassawalla 和 Sashittal, 1998)。考虑到跨组织团队的合作任务需要来自合作各方的知识、技术和资金等资源,因此,跨组织团队的优势就体现在能够加快新颖创意、想法的实现,能够快速执行创新活动来满足相应市场需求(Nieto 和 Santamaría, 2007; Mancuso 和 McNeese, 2012)。另外,相对于其他跨组织合作形式,跨组织团队能够基于团队内的社交过程,促进合作各方的成员及时相互交流一些偶然碰撞出的奇思妙想,从而有利于创新想法的孵化(Provan 和 Kenis, 2008; Rosenkopf 和 Almeida, 2003)。现有研究已经表明,相对于知识结构单一的团队,知识结构多样化的团队在绩效表现上更好(Mancuso 和 McNeese, 2012)。当团队执行创新任务时,拥有多样性的团队成员的团队比拥有同质性的团队成员的团队要表现得好(Garrison 等,2010)。

尽管对于跨组织合作创新来说，跨组织团队被广泛地认为是一种有效的合作方式，但是如何管理跨组织团队来促进创新仍然是一个很大的挑战(Faems 等，2005)。例如，在建筑设计、建造和大型机械制造等行业，有 50%～60%的跨组织团队不能成功完成合作创新任务[①]。实际上，由于合作各方成员拥有不同的组织文化、异质性的思考、不同的工作方式和技能术语等，不太容易整合合作方的资源来进行合作创新(Chua，2013；Badke-Schaub 等，2010；Gelfand 等，2007)。正如 Drach-Zahavy (2011)所述，尽管跨组织团队有其优势，但是合作方成员不同的、甚至竞争性的目标、价值观、资源、战略等，容易导致合作创新失败。关于跨组织团队的一个重要的研究问题就是，“跨组织团队面临的一个巨大的理论和实践挑战就是，如何提高跨组织团队的有效性”(Drach-Zahavy，2011)。在合作创新的背景下，本书将研究促进跨组织团队创新的过程和机制。

2.2 团队及个人创新综述

2.2.1 团队创新

创新指的是个人或者在一起工作的团队产出新颖且有用的想法或点子(Amabile，1988；Madjar 等，2002；Shalley 等，2000；Zhou 和 Shalley，2003)。关于创新的研究文献主要集中在三个层次的研究，即个人层次(Oldham 和 Cummings，1996)、团队层次(Gong 等，2013)和组织层次(Huang 等，2014)。其中，研究团队创新的重要性主要体现在以下几个方面。

首先，团队创新是组织创新的一部分，有利于组织创新。组织越来越依赖于团队工作，以便能迅速地对快速变化的环境做出反应(Gong

① 参见 https://www.reading.ac.uk/designinnovation/ResearchProjects/Visual_Objects_and_Practices.aspx。

等，2013；Oh 等，2006）。当组织面临技术环境快速动荡、竞争压力大、产品生命周期短等挑战时，组织往往通过组建项目团队的方式去执行创新任务，如进行新产品的开发。项目团队可以吸收多样化的团队成员，组合或整合他们多样化的观点和建议，从而产生更多的、质量更高的创意或想法。因此，团队创新对于组织创新来说十分必要。

其次，团队创新有利于促进团队内外的交流或资源获取（Kratzer 等，2004）。团队创新是个复杂的过程，需要获取不同的知识资源并且具有整合不同知识资源的能力。但是，团队成员不太可能具备所有相关的知识、技能和信息等。因此，为了达到团队创新的目的，团队成员之间需要相互交流知识和信息（Kratzer 等，2004；Sethi 等，2001）。同时还要积极与团队外的合作方构建社会网络，通过与合作方的交流互动，来获取创新所需的资源（Nahapiet 和 Ghoshal，1998）。

最后，团队在创新的过程中，可以为团队成员提供很多解决问题、参与决策的机会，进而有利于团队成员接触更广泛的知识、技能、才能和经验等，从而有利于员工提出新颖的创意或想法（King 和 Anderson，1990）。

现有文献研究了很多影响团队创新的因素及其作用机理（Chen，2006；Carmeli 和 Paulus，2015）。其中，团队创新过程中容易引发冲突，因为创新任务往往涉及较少的既定规则，缺乏标准的解决方案和具有高度的不确定性（Jehn，1995；Song 等，2006）。因此，很多研究强调研究冲突对于团队创新的影响（Badke-Schaub 等，2010；Song 等，2006）。但是现有研究都聚焦于传统的单个组织内团队情境下，冲突与团队创新的关系（De Clercq 等，2009；Farh 等，2010；Xie 等，2014），很少有研究关注跨组织团队情境下冲突与团队创新的关系。实际上，跨组织团队的研究已经指出，合作各方的成员由于具有不同的组织文化、不同的工作方式和目标等，跨组织团队往往会面临强烈的冲突挑战（Durand，2002）。因此，跨组织团队中冲突是影响合作方有效地成功整合资源、进行合作创新的重要因素（Zhang 和 Zhang，2013；Lynch 等，2014）。为了弥补这一不足，本书将会探索跨组织团队中团队冲突对于团队创新的影响机理。

2.2.2 个人创新

对于个人创新来说，个人需要有创新的动机并且需要做出很大的创新努力(Mumford, 2000; Shalley 和 Gilson, 2004)，因此，十分有必要去探索哪些因素促使了个人在工作任务中积极创新。创新交互理论(Interactionist perspective of creativity)认为，个人创新行为是由个人因素和环境因素共同决定的(Shalley 等，2009)。其中，个人因素包括个人的特质、认知风格等；环境因素包括任务特征、社会环境等(Oldham 和 Cummings, 1996; Shalley 等，2009)。

以往文献已经指出，个人的认知风格是一个非常重要的个人因素(De Stobbeleir 等，2011)。认知风格代表了个人收集、处理、应用信息时偏好的方式(Hodgkinson 和 Sadler-Smith, 2003)。有关创新的研究指出，个人的认知风格是个人创新的一个重要前因变量，并且呼吁更深入地探讨其对个人创新的作用机理(Shalley 等，2004)。考虑到本书的中国情境，本书将探讨中庸思维这一具有中国文化特征的认知风格，对个人创新的影响。虽然很多文献强调了儒家思想是中国文化的典型代表，而中庸思维又是儒家思想的核心(陈建勋等，2010；卿涛和刘崇瑞，2014；吴佳辉和林以正，2005)，但是关于中庸思维对个人创新的影响，目前研究还很缺乏。

但是个人的认知风格对于个人创新的影响并不是在真空中发生的，团队中的环境因素会影响认知风格对个人创新的作用过程(Sagiv 等，2010; Shalley 等，2004)。例如，Sagiv 等(2010)研究指出个人结构化的认知风格和团队任务的结构化程度之间的交互作用对于个人创新具有显著影响。环境因素主要包括团队文化、领导风格、任务特征等因素。以往的研究已经强调了团队中的任务特征会对个人创新产生影响(Carmeli 和 Paulus, 2015; Dul 等，2011)。特别地，对于跨组织团队来说，任务互依性是一个影响跨组织合作关系的重要的任务特征变量(Dekker, 2004)。因为跨组织合作的合作方往往具有异质性的资源，导致跨组织合作关系往往是一种互利互惠的关系，如一方的工作任务往往是另一方工作任务的基础(Borys 和 Jemison，1989；Appleyard 等，2008)。尽管任务互依性对于创新的影响被广泛提及(Van Der Vegt 和 Janssen，2003)，但很少有研究探讨任务互依性在个人认知风格与创新关系中的调节作用。因此，本书将基于创新交互理论研究跨组织团队中，个人的中庸思维与个人创新的关系，以及团队任务互依性的情境作用。

2.2.3 创新多层次理论

创新多层次理论(Multilevel Theory of Creativity)指出，创新现象会在多个层次上发生，团队层次上会发生团队创新，个人层次上会发生个人创新(Anderson 等，2004)。而且，创新的多层次理论进一步指出，团队创新不是团队内个人创新的简单的平均值；在个人创新的基础上经过团队内一系列的运作过程，才会产生团队创新(Drazin 等，1999)。因此，现有文献呼吁研究，是否同一个前因变量会对团队创新和个人创新同时产生影响，以及其对团队和个人创新的作用机理是否会有所不同(Gong 等，2013；Zhou 和 Shalley，2008)。

在众多的前因变量中，领导力对团队创新或个人创新的重要作用被广泛研究(Srivastava 等，2006)。很多文献已经研究了各种类型的领导风格同时对团队和个人行为结果的影响。例如，Yoshida 等(2014)研究了服务型领导对于团队创新和个人创新的作用机理，结果发现，服务型领导可以通过领导的表率来正向影响团队创新，并且通过个人对领导的认同来正向影响个人创新。Li 等(2014)发现，变革式领导既会影响团队中从属氛围、创新氛围和公平氛围的构建，进而影响团队中的知识分享；也会影响领导-员工交换，进而影响个人的知识分享行为。Liu 等(2014)研究了分享式领导跨层次对团队学习和个人学习的影响，以及团队中心理安全氛围的中介作用。Gumusluoglu 和 Ilsev(2009)发现变革型领导通过影响个人的心理过程，进而正向影响个人创新和组织创新。

基于以往的研究，我们发现：团队的本质是多层次的，即团队成员之间的社交协作过程构筑了团队的运作过程，其过程既会对团队结果产生影响，也会对个人行为结果产生影响（Oh 等，2006）。本书试图顺着这一脉络，研究领导风格对跨组织团队的团队运作过程的影响，进而研究领导风格对团队创新和个人创新的影响。考虑到跨组织团队往往缺乏权威式的团队结构，合作各方讲究权利平等、共同商议、共同决策（Rese 等，2013），因此，本书关注分享式领导，即领导权被团队中多个成员共同分享（Carson 等，2007；Ensley 等，2003；Thorpe 等，2011）。而目前关于分享式领导对团队创新或个人创新的影响的研究还很缺乏（Bligh 等，2006），特别是在跨组织团队中。为了弥补这一缺陷，本书将考察跨组织团队中分享式领导同时对团队创新和个人创新作用的机理。

2.3　团队冲突综述

冲突被定义为具有不同观点的或者有人际摩擦的人感知到的不兼容性、不一致性（Jehn，1995）。以往的文献将冲突划分为两种类型，即关系冲突和任务冲突（Huang，2012；He 等，2014）。关系冲突，又称情感冲突，指的是人际关系的不兼容性，反映了人际摩擦、人际关系的紧张等（Desivilya 等，2010）。这种类型的冲突表现为人际交往行为上的摩擦和裂痕（Yang 和 Mossholder，2004）。任务冲突，又称认知冲突，指的是关于工作任务上观点或见解的不同，它来自资源分配、工作流程安排和政策制度等方面的异议和见解不一致（Desivilya 等，2010）。认知是任务冲突的核心，往往体现在：当关于工作任务如何完成，团队成员产生了不同意见时，任务冲突就产生了（Yang 和 Mossholder，2004；Fairchild 和 Hunter，2014）。

Barclay（1991）指出，“情境是冲突的主要来源”。组织的边界使来自不同组织的员工具有不同的思考方式和行为风格，因此，跨组织团队中员工往往由于不同的目标、技能、能力和工作方式，很容易产生任务冲突(Chua, 2013; Badke-Schaub 等，2010)。例如，对于致力于研发大型机械的跨组织团队，往往决策过程很重要(Larsson, 2007)，但决策过程容易产生任务冲突：来自不同组织的工程师们需要经常互动、沟通，以便能更有效地协作完成任务；然而，由于他们各自的专业技能不同、任务职责不同或者存在沟通困难等原因，他们在实际交流中很可能会对一些技术概念、问题(如谁负责什么，怎么收集或分析数据等)产生误解并争论(Durand, 2002)。所以，跨组织机械研发团队在决策过程中经常产生任务冲突。

跨组织团队中关系冲突也很显著，因为团队成员具有不同的组织文化背景、技术追求或者战略目标(Gelfand 等，2007; Shapiro 等，2002)。以往的文献已经指出，相较于团队成员拥有类似的组织价值观，当团队成员拥有不同的组织价值观时，团队成员间更容易经历不信任和关系紧张(McClure, 2010)。另外，当合作方成员拥有不同的战略目标时，合作方成员在共同决策的过程中会经常产生争论和异议，进而可能升级演化成合作方成员间的关系冲突(Zhou 等，2007)。例如，工程项目团队往往是一个跨组织团队，其团队成员有来自不同组织的建造师、工程施工者等。从图纸规划到现场施工的过程中，建造师和施工者经常要进行合作、沟通和商议(Lui 等，2006)。由于合作方成员的知识技能、资金资源等不同，施工者往往看重降低成本，而建造师们往往在乎的是先进技术、设计的使用，从而导致了不可避免的认知冲突。这种认知冲突可能会升级演变成合作方成员之间的敌意。

关于冲突的研究文献已经指出，不同类型的冲突对团队创新的影响可能会不一样(Jehn 1995; He 等，2014)。目前，绝大多数文献都认为关系冲突会负向影响团队创新(Tekleab 等，2009; Puck 和 Pregernig, 2014)。然而，任务冲突与团队创新的关系却不清晰。早期的文献认为任务冲突会正向影响团队创新，但是最近的元分析却表明任务冲突与团队创新的关系不显著(Hülsheger 等，2009; O'Neill 等，2013)。最新的文献倾向于认为，任务冲突对团队创新的影响呈倒 U

型(Farh 等,2010; Xie 等,2014)。该论调基于这样的逻辑:任务冲突有利于提出新颖的想法、产品或服务;然而,过强的任务冲突会消耗团队内很多的时间、精力和钱财,或者导致团队内弥漫负向情绪,从而降低团队的创新潜能(Schulze 等,2014)。

目前,上述的研究都聚焦于传统的单个组织内部团队情境下,团队冲突对团队创新的作用机理(De Dreu,2006; Desivilya 等,2010; Farh 等,2010)。很少有研究关注跨组织团队中冲突对团队创新的作用机理(Lynch 等,2014)。正如 De Clercq 等(2009)声称的那样,"在不同的情境下,冲突和创新的关系也许会变得不同"。进一步地,Song 等(2006)认为,"对不同情境下的冲突的作用机理进行研究,也许会为我们带来意想不到的对冲突动态作用过程的认知"。因此,在跨组织团队中冲突将如何影响团队创新成了本书主要的研究问题。

2.4 分享式领导综述

分享式领导体现了团队中的领导权被多个成员共享的领导风格,他们共同协商、共同决策和共同为团队任务负责(Hoch, 2013)。为了能够更深刻地理解分享式领导的概念,本书将会介绍一些分享式领导的具体行为:与合作各方的成员相互交流、协商,共同解决问题和共同决策;在团队面临问题时,相互帮助识别、诊断和解决问题(Pearce 和 Conger, 2003; Fletcher 和 Käufer,2003)。因此,分享式领导展现了一个团队层面的领导现象,即多个团队成员共享领导权,而不是领导权只被一个身处领导岗位的领导者掌握(Pearce, 2004; Bligh 等,2006; Carson 等,2007)。不难发现,分享式领导与传统的垂直型领导相比,传统的垂直型领导指的是上下级那种强调权威的领导方式,而分享式领导更注重团队成员间的水平方向的相互影响(Pearce 和 Conger, 2003)。以往的文献已经指出,跨组织团队通常采用领导权被合作方成员分享这一领导方式(Ramesh 和 Tiwana, 1999; Huang 和

Wilkinson, 2006)。例如,海上石油开采团队包括来自不同组织的机械工程师、数据分析师和技术工人。海上石油开采团队的员工工作时具有高度的自主权,团队员工可以自己协调内部资源、执行计划等(Weber, 1997)。因此,海上石油开采团队的工作范式通常是将权力下放给团队员工(Bayerl 和 Lauche, 2010)。特别地,由于跨组织团队通常缺乏垂直型上下级关系中的权威,因此集体式的领导风格(如分享式领导)对于解决创新问题会特别适用(Al-Ani 等,2011; Garrison 等,2010; Thorpe 等,2011)。

既然分享式领导指的是团队中多个成员共享领导权,而不是领导权只被一个身处领导岗位的领导者掌握(Carson 等,2007),分享式领导的特征就在于,团队员工会参与领导行为活动,如激励和鼓励其他员工(Wood 和 Fields, 2007)。因此,分享式领导行为会通过团队成员之间的相互影响,来达到完成团队任务的目标。例如,分享式领导会促使团队成员共同做决策,共同帮助识别、诊断和解决问题(Pearce 等,2008)。

目前,分享式领导已经被认为是跨组织团队中一种有效的领导方式,因为跨组织团队往往缺乏权威型团队结构(Bligh 等,2006; Wood 和 Fields, 2007)。研究表明,跨组织团队是一种有效的创新方式,因为合作方组织会为本方组织的创新带来资源补充(Faems 等,2005)。然而,跨组织团队的成员都来自不同组织,团队成员在知识技能、行为方式和组织文化背景等方面具有多样性(Dekker, 2004)。因此,当跨组织团队进行创新活动时,需要整合来自合作方成员的努力,在这个过程中,需要克服高度的不确定性、复杂性和压力。

以往的文献指出,分享式领导有利于跨组织团队克服其多样性及多样性引发的冲突(Wood 和 Fields, 2007)。特别地,分享式领导能够促进团队成员参与合作方成员的决策过程,进而促使团队成员在心理上感知到团队决策过程是公平的,以便团队成员能够自信地参与团队决策(Muthusamy 和 White, 2005)。基于这种认知,学者们认为执行创新任务的跨组织团队活动高度依赖员工的工作自主权(Carson 等,

2007；DeNisi 等，2003）。例如，Bligh 等（2006）指出，在团队员工处理复杂任务时，团队采取分享式领导十分重要。Davis 和 Eisenhardt（2011）进一步指出，分享式领导有利于执行跨越组织边界的合作创新任务。综上，对于执行创新任务的跨组织团队来说，分享式领导被认为是一种有效的管理方式（Thorpe 等，2011）。在现有关于跨组织合作的文献中，大部分研究都聚焦于组织层面的研究（Rese 等，2013）。而本书将会聚焦于团队层面的跨组织合作研究，去探索跨组织团队情境下分享式领导对合作创新的影响机理。

2.5 中庸思维综述

个人创新领域的研究往往强调人的认知对于个人创新的影响（Drazin 等，1999；Drazin 等，2008）。但是，每个人的认知偏好是不一样的，如处理信息的方式、采取创新策略的态度等，一个影响人的认知偏好的重要因素就是认知风格（De Stobbeleir 等，2011）。以往研究认知风格与创新关系的文献，主要关注两种认知风格，即适应性风格（adaptive style）和创新性风格（innovative style），并且发现创新性的认知风格与个人的创新绩效之间存在显著正向关系（Shalley 等，2009；Tierney 等，1999）。但是，很少有文献关注中国文化中的中庸思维这一认识风格对创新的影响。

中庸思维是这样一种认知风格：强调在采取行动之前，从整体的角度详细考虑问题，而不是在冲动之下做决策（Yao 等，2010）。儒家思想在中国传统文化中占据重要地位，而中庸思维又是儒家思想中的核心思想，是中国人为人处世中常见的一种思维方式（陈建勋等，2010；卿涛和刘崇瑞，2014；吴佳辉和林以正，2005）。一些学者指出，中庸思维并不是简单的平均主义，它讲究“合宜合适”“恰到好处”，即个体在行动抉择时会根据周围环境的变化，动态地在两极之间选择最恰当的表达（杨中芳，2009）。因此，具有中庸思维的人做决策时，具有全面、灵活的特点，以保持其与周围环境的关系的动态平衡（杨中芳，2009）。

关于中庸的研究，目前还处在初步阶段。吴佳辉和林以正（2005）进行了中庸思维量表的编制，将中庸思维划分为三个维度，即多方思考、整合性、和谐性。多方思考是指，当团队中有对立的观点存在时，会尝试着从不同的角度思考问题，以对问题有一个全面的认知。整合性是指，将自己的想法与外界环境中的观点进行整合的程度。和谐性是指，在表达观点时，表达方式不偏激的程度。陈建勋等（2010）研究了企业领导者的中庸思维与组织绩效的关系，发现中庸思维会通过组织双元性影响组织绩效，并且该过程会受到员工间联结性以及部门间相依性的调节作用。卿涛和刘崇瑞（2014）研究发现，员工的主动性人格会正向影响领导—成员交换进而促进建言行为，员工的中庸思维会负向调节领导—成员交换与建言的关系。Yao 等（2010）发现了中庸思维会阻碍个人创造力转换成创新行为。Chou 等（2014）则研究了中庸思维对工作压力与工作满意度和情绪疲惫的关系的影响。研究发现，中庸思维会弱化阻碍性工作压力与工作满意度的负向关系，同时会弱化挑战性工作压力与情绪疲惫之间的负向关系。通过上述文献梳理，我们发现，现有关于中庸思维对个人行为的影响研究很缺乏。考虑到跨组织团队成员在执行创新任务时，容易产生不同的、甚至对立的观点和想法，因此跨组织团队更能提供一个平台，使个人在执行跨组织合作创新任务时，中庸思维对创新行为的影响十分重要。基于此，本书将探索跨组织团队中，个人的中庸思维对个人创新的影响，以及该关系是如何受到团队因素影响的。

2.6 小结

关于团队和个人创新的影响因素及其作用机理研究，目前学术上已经取得了丰硕的成果。但是绝大多数关于团队和个人创新的研究都聚焦于传统的单个组织内部团队情境。而跨组织团队作为一种新兴的跨组织合作方式，提供了一个重要的研究背景。但是，关于跨组织团队中创新的影响因素和作用机理的实证研究，目前还很缺乏。基于既有的团队创新和个人创新的研究，本书将结合跨组织团队的特征，探讨影响跨组织团队的团队和个人创新的影响因素，并且检验其对创新的作用机理。

团队冲突与团队创新的关系，已经被广泛提及。但是现有研究中关于任务冲突与团队创新的关系的结论还未达成一致。另外，还没有研究探讨跨组织团队情境下冲突与团队创新的关系。因此，针对跨组织团队，现有研究结论难以提出合适的冲突管理策略。本书将会探讨跨组织团队中不同类型的冲突与团队创新的关系，以及分享式领导对于冲突与团队创新关系的调节作用。

领导风格是创新的一个重要前因变量。目前有关领导力方面的文献已经指出，领导风格对于团队和个人的行为结果均有重要影响。但是，很少有研究关注跨组织团队中的领导风格，及其对跨组织团队的影响。考虑到跨组织团队中分享式领导的重要性，本书将会探讨分享式领导对于团队及个人创新的作用机理。总而言之，本书将会推广已有的关于创新的理论在跨组织团队下的应用，特别是为跨组织团队的创新管理提供了决策参考。

关于个人的认知风格与个人创新的关系，虽然目前已经有一些研究，但是中国文化特征下的中庸思维与个人创新的关系的研究，目前还很缺乏。特别是跨组织合作关系带来了合作各方不同的观点、工作方式、资源等，更为个人中庸思维的发挥提供了平台。为了进一步探索如何提升跨组织团队的创新能力，本书将会探索如何提升跨组织团队中的个人创新，特别是如何提升中庸思维对个人创新的影响。

3 团队冲突对团队创新的作用机理

3.1 引言

组织间经常通过合作创新来应对有限的资源、市场竞争的压力和高度动态变化的技术。其中,组建跨组织团队是一种常见的合作创新的方式(Zuckerman 和 Higgins, 2002; Enz 和 Lambert, 2012)。跨组织团队的优势在于,它可以促进合作方组织间的资源互补(Nieto 和 Santamaría, 2007; Mancuso 和 McNeese, 2012),有利于分摊研发成本(Hagedoorn, 2002),能促进成员分享关于创新任务的异质性知识和信息(Faems 等,2005)。因此,跨组织团队这种合作方式能够有效地促进合作创新。为了能够实现合作创新的目的,跨组织团队中团队成员必须要能够有效地进行交流、相互学习、一起合作完成创新任务(Swallow 等,2015)。但是,要促进跨组织团队中团队成员之间的相互交流合作是非常困难的,因为跨组织团队面临着传统单个组织内部团队所没有的一些挑战和困难,如合作方成员间不同的组织文化、战略目标和工作风格(Drach-Zahavy, 2011; Gelfand 等,2007)。在此情形下,跨组织团队中的冲突——即合作方成员间感知到的不兼容性和不一致性——变得不可避免(Zhang 和 Zhang, 2013; Siebdrat 等,2014)。尽管一些学者已经意识到冲突是影响跨组织合作创新成功的一大挑战(Lynch 等,2014; Zhang 和 Zhang, 2013),但是在跨组织团队情境下冲突是怎样影响团队创新的,目前相关研究还很缺乏。

现有关于团队冲突的研究,将团队冲突划分为关系冲突(即人际情绪抵触)和任务冲突(即关于工作任务的观点上的不一致性)两类(Jehn, 1995; Lu等,2011),分别研究两种不同类型的冲突对团队创新的影响。在传统的单个组织内部团队情境下,大部分研究都倾向于认为关系冲突是负向影响团队创新的(He等,2014; Yong等,2014)。关于任务冲突,现有研究结论并不一致。一些研究认为,任务冲突是负向影响团队创新的(Schulze等,2014),也有一些学者认为任务冲突是正向影响团队创新的(Lu等,2011)。这些不一致促使学者们开始重新审视任务冲突与团队创新的内在机理。最新的研究表明,在传统的单个组织内部的团队情境下,关系冲突是负向线性影响团队创新的,任务冲突对团队创新的影响则呈倒U型。(Farh等,2010; Xie等,2014)。然而,相对于传统的单个组织内部的团队,跨组织团队面临着组织文化的多样性、技术资源的异质性和战略目标的不一致等问题,因此跨组织团队面临着更大的管理挑战(Lawson等,2009)。基于此,跨组织团队的创新机理可能比传统的单个组织内部的团队的创新机理更加复杂,以至于不能将传统的单个组织内部团队情境下的创新机理并简单地直接平移到跨组织团队情境中(Gelfand等,2007; Yong等,2014)。正如Song等(2006)所说的,“不同情境因素可以导致很大的不同,包括对于冲突的感知、冲突的类型及其影响的结果和处理冲突时不同的行为策略的应用”。确实,冲突和创新的关系可能随着情境因素的不同而改变(De Clercq等,2009)。所以,我们需要研究在跨组织团队情境下,团队冲突对团队创新的影响机理,尤其是同时研究关系冲突与团队创新的线性关系和任务冲突与团队创新的非线性关系,在跨组织团队情境下是否依然成立。

现有关于冲突的研究进一步指出,在团队冲突和团队绩效的关系中,领导风格很重要(Ayoko和Härtel, 2006)。例如,Hendel等(2005)指出“领导风格和冲突管理策略的选择,可以强烈地影响冲突导致的结果”。特别地，在跨组织团队情境下，若团队成员能够认真听取、考虑合作方成员的想法、建议和信息等，那么，合作方成员会倾向于认为团队的决策过程是公平的，并且很可能会积极参与团队的决策过程（Muthusamy 和 White，2005）。因此，跨组织合作关系中合作方成员权力的对称对于联合解决问题十分重要（Muthusamy 和 White，2005；Ryu 等，2011）。在此情况下，分享式领导已经被视为跨组织团队中一种有效的领导风格（Lee 等，2011）。分享式领导反映了团队里这样一种领导风格：多个团队成员拥有领导权力，并且共同决策、联合解决问题、一起为团队运作的结果负责（Hoch，2013）。特别是在跨组织团队中，分享式领导对于有效处理冲突十分关键，因为分享式领导不但可以让具有敌意的合作方成员一起为了共同的任务而工作，而且有利于在不牺牲某一方成员的利益的情况下寻找合作方的共同目标（Fisher，2000；Hendel 等，2005）。然而，很少有研究探讨分享式领导对于团队冲突与团队创新的调节作用。探讨在特定情境下（即跨组织团队中的分享式领导）的冲突的动态作用，将有助于深化对特定情境下的冲突管理的理解。

本章将基于整合的情境视角（integrated contingency perspective），探讨跨组织团队中关系冲突、任务冲突、分享式领导对团队创新的不同的影响机理。整合的情境视角是指构建一个情境研究框架，来研究不同类型的冲突及潜在的情境因素，如何交互影响团队运作的结果（Tillema，2005；Song 等，2006）。有关冲突研究的文献呼吁需要更深刻地探讨冲突的多维度和情境特征，以及在理论建构时同时整合这些因素（Qian 等，2013）。具体说来，本章顺应有关冲突研究的文献的研究脉络，考察关系冲突与团队创新的负向关系，任务冲突与团队创新的倒 U 型关系，以及分享式领导对这些关系的调节作用。研究结论将有利于理解跨组织团队情境下冲突的动态作用过程，其结果不但可以帮助学者们了解不同类型的冲突与创新的关系，而且可以指导跨组织团队的管理者如何提高团队创新的冲突管理策略。

3.2 理论假设

3.2.1 团队冲突与团队创新

3.2.1.1 关系冲突和团队创新

在跨组织团队中，考虑到关系冲突会阻碍合作方成员之间的信息交流，因此关系冲突可能会负向影响团队创新(De Clercq 等，2009)。当关系冲突，即合作方成员间情感冲突变得越来越强时，团队成员会将时间和精力聚焦到相互有冲突的成员身上，而不是聚焦到跟任务相关的问题上(De Dreu 和 Weingart，2003)。正如 Hülsheger 等(2009)指出的那样，“关系冲突会导致团队内弥漫着愤怒、气馁等情绪，从而阻碍团队内成员间有效地交流，减少团队成员对其他成员的想法的积极响应”。因此，团队成员间的敌意、错误交流和不信任会阻碍合作方成员间信息和知识有效地流动(De Dreu 和 Weingart，2003；Menguc 和 Auh，2008)，从而会降低团队的创新能力。

由于关系冲突会影响团队成员的认知能力，因此在跨组织团队中，关系冲突可能会负向影响团队创新。以往的文献已经指出，关系冲突会导致团队成员缩小注意力聚焦范围，产生刻板的思维方式，以及减少认知弹性(Carnevale 和 Probst，1998；Hülsheger 等，2009)。DeDreu 和 Weingart (2003)的元分析揭示了，当参与者参加一个竞争性的、有敌意的沟通时(即高关系冲突)，他们的认知弹性和创新思考力会下降得很厉害。因此，人际情感不兼容性可能会通过降低个人的决策质量和对问题的理解程度，进而降低个人的创新思考力(Chen，2006；Ensley 等，2002；Parayitam 等，2010)。

除此以外，关系冲突还可能通过降低团队成员对团队的满意度和减少他们对团队的承诺，进而负向影响团队创新(Amason，1996；Jehn，1995；Medina 等，2005)。以往有很多文献已经表明，关系的不兼容性会导致个人对团队的不满意感（Puck 和 Pregernig，2014；Tekleab 等，2009）。例如，当团队成员感到自己不被团队其他成员所理解和认可时，那么，该团队成员就会表现出很低程度的团队认同，从而极大地限制了其与团队其他成员分享创新想法和见解的动机（Swann 等，2004）。因此，关系冲突对于团队创新的影响是负向的，因为关系冲突会阻碍团队成员表达和分享创新想法的意愿。基于上述三点理由，本章提出以下假设。

H1：在跨组织团队中，关系冲突会负向影响团队创新。

3.2.1.1　任务冲突和团队创新

任务冲突会通过增强团队学习来正向提升团队创新。特别是在跨组织团队中，任务冲突代表了合作各方成员间的开放的思路交流，有关决策方案的不同的评估，以及细致彻底的冲突性观点的争论（Ensley 等，2002）。同时，任务冲突增加了团队成员间的意见交换，不同观点的表达，以及对何种观点是正确的争论（De Dreu 和 Weingart，2003；Xie 等，2014）。这些证据都暗示了一个观点，即任务冲突可以增加团队学习，如团队成员对不同观点的表达和倾听（Tjosvold，1997；De Dreu 和 Weingart，2003）。通过团队学习，团队成员可以吸收各种各样的观点的精髓，从而对工作任务有更全面、更深刻的理解，进而有利于团队创新（Parayitam 等，2010；Simons 和 Peterson，2000）。的确，任务冲突可以增加合作各方成员对工作任务的重新审视和深刻思考，这些将有利于有创造性的新点子的提出，从而使合作团队表现得更有创造力（De Dreu 和 West，2001；De Dreu 和 Weingart，2003）。例如，从事太空探索的团队往往是个跨组织团队，其团队成员是来自不同组织的宇航员、工程师等。该团队成员间的工作任务往往是相互交织、相互依赖的，因此，团队成员间需要经常相互交流。在此情况下，由于宇航员的太空知识和工程师的工程技术知识的不同，团队人员的多样性认知可能会对一个复杂的太空探索任务产生更好的完成方案（Bayerl 和 Lauche，2010）。所以，本章提出，当跨组织团队的任务冲突开始增大时，团队学习会被强化，如合作各方成员间的相互交流及联合解决问题的能力会被强化，进而导致团队内更容易产生创新的想法和观点(Menguc 和 Auh, 2008)。

然而，一些学者也指出，太多的任务冲突可能会导致团队成员的认知负担或负向情绪，从而减弱团队创新能力(Farh 等，2010; Xie 等，2014)。具体说来，由于团队成员的认知负担或负向情绪增大，团队成员有效处理信息的能力以及有效做决策的能力都会受到限制，因此，太多的任务冲突会导致团队决策质量的下降(Jehn 等，2008; Puck 和 Pregernig, 2014)。在此情形下，团队成员可能无法将多种多样的想法整合成一致的解决方案，同时也无法达成一致的任务目标，这些都不利于团队的创新产出(De Dreu, 2006; Farh 等，2010)。实际上，有学者也指出了，太多的任务冲突会降低个人有效地从事交流、合作的能力，进而给跨组织的协作带来壁垒(Homburg 和 Pflesser, 2000; Menguc 和 Auh, 2008)。结果，团队创新力很可能受到削弱。

除此以外，以往文献也指出，太多的任务冲突会导致团队运作过程的损耗太大，进而使团队成员的情绪受到打击(Farh 等，2010)。正如 De Dreu (2006)所说的，“相对于适度的任务冲突，过强的任务冲突会使团队成员人际关系紧张，相互不信任，进而阻碍团队成员聚焦工作任务和对工作任务进行开诚布公的交流”。例如，若合作各方的成员持续地质疑其他成员的工作思路、想法等，就会导致合作各方的成员之间容易产生生气和排外情绪，进而导致合作各方成员间的负向情绪(Ensley 等，2002; Jehn 等，2008)。此时，共同的价值观和行为准则(如开放的交流)的建立就会变得更加困难，从而为跨组织的协作增加障碍(Menguc 和 Auh, 2008; De Wit 等，2012)。总而言之，跨组织团队由于交流工具的制约、不同的文化背景和工作经历，任务冲突更加难被解决，从而任务冲突更容易转换成人际负向情绪(Hinds 和 Mortensen, 2005; Webber 和 Donahue, 2001)。所以，太多的任务冲突会降低团队创新。综上所述，本章提出下面的假设。

H2：在跨组织团队中，任务冲突对团队创新的影响呈倒 U 型。

3.2.2 分享式领导的调节作用

考虑到分享式领导会激励合作方成员协作完成任务、交流信息并进行反馈，引导团队成员一起工作（Ensley 等，2006；Thorpe 等，2011），分享式领导可能对团队创新有影响（Bligh 等，2006）。同时，有关领导力的文献也揭示了分享式领导对冲突有潜在的影响，因为“团队内能够加深团队成员相互理解、促进确立共同目标和准则的关系氛围，将有助于化解团队冲突”（Welch 和 Wilkinson，2005）。然而，目前还没有探讨分享式领导对冲突与创新的关系的调节作用的研究，特别是在跨组织团队背景下。

研究领导力对冲突与创新的关系的调节作用，是十分必要的。以往的文献指出，考虑到跨组织团队的特点，跨组织团队中的冲突管理需要特别的领导力，如增强团队活动的协作，与合作方成员建立良好的工作关系，克服文化和交流障碍等（Al-Ani 等，2011）。举例来说，通过促进合作方成员之间的协作，通过缓解合作方成员间的紧张关系，通过化解合作方成员间的误解行为等，领导力有利于构建起相互信任的团队氛围，从而影响冲突对团队运作的作用过程（Hendel 等，2005；Pittinsky 和 Simon，2007）。Ayoko 和 Callan（2010）指出，“从团队的领导行为入手，将有助于理解冲突对团队运作结果的影响结论的不一致性”。但是，关于领导力对冲突和团队创新关系的影响，现有研究还很缺乏（Ayoko 和 Callan，2010）。因此，本章研究分享式领导对于冲突和团队创新关系的调节作用，来探索分享式领导是否是跨组织团队的一种合适的冲突管理策略。接下来，我们将会提出相应的假设。

3.2.2.1 分享式领导对关系冲突与团队创新关系的调节作用

当跨组织团队中分享式领导程度较高时，关系冲突对团队创新的负向影响将会被削弱。以往的研究揭示了，分享式领导展现了一个团队层面的领导氛围，即领导权被团队中多个成员分享，而不是被某个身居高位的领导所独享（Bligh 等，2006）。因此，分享式领导将有助于建立起具有社交支持和协力完成共同任务的团队氛围（Hoch，2013）。

当分享式领导程度变高时，关系冲突的负向影响也许会被削弱，因为分享式领导不但强调了合作方成员拥有共同的目标，而且会促进合作方成员参与共同决策过程(Kuhn 和 Poole, 2000)。当分享式领导程度高时，有人际冲突的合作方成员，也许会不顾他们之间的异同，相互参与对方的行为活动，展现行为的一致性，从而有效地协作(Klein 等, 2011)，这将有利于团队创新。

除此以外，随着分享式领导程度的增强，关系冲突与团队创新的负向关系可能会被削弱，因为分享式领导还有利于增强团队成员的心理安全感，从而有助于消除合作各方成员间的紧张关系和摩擦，维护良好的工作关系(Canary 和 Spitzberg, 1989)。以往的文献已经表明，分享式领导可以促进合作方成员交流新颖的想法，而不用担心被惩罚(Pearce 和 Conger, 2003; Fletcher 和 Käufer, 2003)。因此，团队成员很少担心被排斥，从而更乐意与团队其他成员在一起交流和探讨新想法、新观点。当团队成员的心理安全感较高时，有人际冲突的合作方成员，也许会不在意他们的人际冲突，会更可能无拘无束地表达他们自己的观点(Klein 等,2011)。综上所述，本章提出以下假设。

H3:在跨组织团队中，分享式领导对关系冲突与团队创新的关系具有调节作用。分享式领导程度越高，关系冲突对团队创新的负向作用越弱。

3.2.2.2 分享式领导对任务冲突与团队创新关系的调节作用

基于以往的理论研究(Ayoko 和 Härtel, 2006; Carson 等,2007)，本小节将会探讨分享式领导对任务冲突与团队创新的呈倒 U 型的调节作用。Carson 等(2007)将分享式领导定义为团队的一种资本，该资本来源于领导权为团队多个成员所共享。分享式领导方式下关键的一点在于，团队成员会分享他们的知识，并且通过知识分享，团队成员可以了解和评论相互的想法和点子(Pearce, 2004; Hoch, 2013)。因此，高水平的分享式领导会创造一个宽松的交流环境，团队成员会无拘束地表达自己的观点和想法。此时，分享式领导提供了一个手段:通过促进合作各方成员的知识和信息交流，来整合合作各方成员不同、甚至对立的观点。结果，当分享式领导程度高时，适度的任务冲突会更容易转换为团队创新，因为分享式领导通过权力共享，为合作各方成员提供了一个整合任务冲突的机会(Menguc 和 Auh, 2008)。

分享式领导还可能会通过增强团队成员对跨组织团队的认同，进而影响任务冲突与团队创新的倒 U 型关系(Shin 等，2012；Nicolaides 等，2014)。通过提供精神上的激励，分享式领导可以提升团队成员对团队的认同(即“我们是一个团队”)，从而使个人更愿意从适度的团队认知多样性中，倾听和获取适度的不同观点和想法(Van Knippenberg, 1999；Shin 等，2012)。因此，分享式领导提供的这个动机，会促使个人去倾听和挖掘任务冲突所带来的不同认知，并且乐于积极主动地去整合这些不同见解和想法，从而在具有创造性的工作任务中表现得更好。当对团队的认同感增强时，团队成员更可能去利用和发掘适度的团队认知多样性(Shin 等，2012)。基于上述观点，本章提出以下假设。

H4：在跨组织团队中，分享式领导对任务冲突与团队创新之间的倒 U 型关系具有调节作用。分享式领导程度越高，任务冲突对团队创新的倒 U 型作用越强。

3.3 研究设计

3.3.1 样本收集

本章通过问卷调查的方式，在中国收集了数据。我们选择在中国收集数据，有两个原因。第一，中国是世界上最大的发展中经济体，为全球经济的发展提供了强有力的发动机(Zhou 等，2007)。越来越多的中国公司开始积极地参与跨组织合作研发，力争成为创新的引领者(Yip 和 McKern, 2014)。因此，中国是一个进行合作创新研究的较合适的情境。第二，以往绝大多数关于团队冲突的研究，都是在西方文化的背景下进行的(Desivilya 等, 2010; Klein 等,2011)。然而,中国文化强调集体主义,这一点与西方主流文化不一致(Huang, 2012)。在集体主义文化下,中国人更加看重和谐,更有可能去规避冲突(Tjoavold 等,2006; Zhang 和 Zhang, 2013)。所以传统的观念认为,浸润在中国文化背景下的团队,可能不能够充分利用冲突带来的益处(Huang, 2012)。但同时,也有文献指出,中国人追求和谐的行为是被追求信任、建立良好的人际关系的动机和真诚所驱动的(Tjosvold 等,2005)。因此,在此驱动动机下,中国人为了建立良好的人际关系,可能会开放地讨论冲突,从而获得丰硕成果(Huang, 2012; Tjosvold 等,2005)。因此,上述不同的观点暗示了,在中国文化背景下,团队冲突的影响机理是不明晰的。正如 He 等(2014)指出的那样,“以往关于冲突管理的文献集中于西方国家背景,需要更多亚太包括中国背景下的研究”。然而,目前中国背景下的关于冲突的实证研究还很缺乏,只有少数几篇研究(Qian 等,2013; Zhang 和 Zhang, 2013; He 等,2014)。

在本章中,跨组织团队是指团队成员来自不同组织的团队,该团队成员合作完成某项任务,如新产品的研发等(Enz 和 Lambert, 2012)。这些跨组织团队的创建初衷,有的是为了完成一个临时的项目,也有的是为了长期合作的任务。为了方便收集数据,本章的研究团队与国内(中国)一个顶尖高校一起合作收集数据。首先,本章的研究团队联系了跨组织团队的管理者,介绍了本研究的目的。通过访谈跨组织团队的管理者来确认该团队是否合适作为本研究的对象。若某位管理者同时兼任两个或两个以上团队的管理者,本章只选取其中一个团队作为研究对象,以此来避免两个样本团队有同一位管理者(Lin 等,2012)。其次,本章的研究团队的研究助理将纸质的问卷发放给跨组织团队的管理者,让他们来填写有关领导方面的问卷,同时由管理者们将问卷发放给团队的员工。员工的问卷由领导发放,这种方法与以往的研究方法是一致的(Srivastava 等,2006)。

以往的关于冲突的文献指出,保持被试者匿名有利于减轻被试者回答问题时的压力，并且有利于提高问卷回收率(Brown 和 Day，1981)。因此，本章的问卷填写是匿名的。但是，为了能够追踪数据来源，对于来自同一个团队的领导问卷和员工问卷，我们将其放进同一个信封，并且在信封封面进行相应的编号。这样做的好处在于，可以准确追踪同一个团队的领导问卷和员工问卷，便于日后追踪其他数据或者做后续研究。为了减小共同方法偏误，本研究采用多数据来源的方式收集数据。团队成员负责回答分享式领导、关系冲突和任务冲突有关的问题，团队的管理者负责回答团队创新的有关问题。

本研究团队一开始给 68 个跨组织团队发放了问卷。总共收回了 55 个团队的问卷，回收率为 80.9%。若一个团队中成员填写的问卷要大于三份，该团队数据最终才能被采纳为样本。最终，样本数据覆盖 54 个团队，分别来自 19 个公司。这 19 个公司分布于电信、信息技术、制造业、半导体、医疗和科研机构等行业。每个团队的成员都是来自两个组织，这两个组织都是签订了正式的合同来进行跨组织合作的。样本团队的性质分别是制造型团队(20.8%)、研发团队(56.6%)、市场团队(9.4%)，以及其他类型(13.2%)。样本团队的来源多样性将增大本章研究结论的适用范围(Wang 和 Rode，2010)。

样本团队中，团队规模为小于等于 5 人的占 7.4%，6～10 人的占 42.6%，11～15 人的占 20.4%，16 人及以上的占 29.6%。团队成立年限为 1～6 个月的占 13.2%，7～12 个月的占 20.8%，13～36 个月的占 28.3%，36 个月及以上的占 37.7%。团队领导者主要是男性(77.4%)。团队领导者的年龄区间分布为：21～30 岁(20.7%)，31～40 岁(45.3%)，41～50 岁(30.2%)，50 岁及以上(3.8%)。团队员工主要也是男性(71.2%)。员工的年龄分布区间为：21～30 岁(59.5%)，31～40 岁(34.7%)，41～50 岁(5.1%)，50 岁及以上(0.7%)。

3.3.2 变量测量

本章的问卷题项都来自英文文献。本章的研究团队中 3 位来自不同研究领域的学者独立地将英文题项翻译成了中文。问卷中所有题项都采用李克特(Likert)五点量表。因为样本数据来源的多样性(团队领导和团队员工),这样的设计排除了共同方法偏误对研究结果的影响。

3.3.2.1 因变量

团队创新。该变量的量表出自 Shin 和 Zhou(2007)的研究,有 4 个题项。因为团队的管理者对团队的绩效情况了解得相对较多(De Dreu,2006; Gong 等,2013),所以由团队管理者来回答团队创新情况,评估该团队产生新颖且有用的新想法的程度。例如,本团队"提出很多新点子和新创意"(1=完全不同意;……5=完全同意)。

3.3.2.2 自变量

关系冲突。关系冲突的量表选自 Jehn (1995)的研究,该量表有 4 个题项。由团队员工来评价团队中人际关系的不兼容性。例如,"合作方创新团队成员之间摩擦很多"(1=完全不同意;……5=完全同意)。

任务冲突。任务冲突的量表也选自 Jehn (1995)的研究,该量表有 4 个题项。由团队员工来评价他或她在与同事的工作关系中,工作和任务见解不一致、想法相冲突的程度。例如,"合作方创新团队成员对正在进行的工作有很多不同意见"(1=完全不同意;……5=完全同意)。

分享式领导。分享式领导的量表出自 Wood 和 Fields (2007)的研究,该量表有 10 个题项。由团队员工来测评整个团队中所展现的分享式领导的程度。例如,"在团队面临问题时,共同决定最好的行动方案"(1=完全不同意;……5=完全同意)。Gockel 和 Werth (2010)指出,"与其精确指出个人之见的相互影响行为,团队员工对整个团队的分享式领导行为的感知对于预测团队运作结果可能更为重要"。因此,本研究采用了整体测评的方式(Chan, 1998),即将团队作为一个整体,感知团队中所展现的分享式领导行为。这种方法的特点是考虑变量的整体特征,而不是像以往的社会网络的测评方法只考虑人与人之间特定的领导行为(Carson 等,2007)。这种方法已经被实证研究广泛的采用(Hoch, 2013; Wood 和 Fields, 2007)。

3.3.2.3 控制变量

本章将团队规模、团队成立年限、团队类型、组织类型、受教育水平和受教育水平的多样性作为控制变量,因为以往文献已经指出它们可能会影响跟创新有关的团队运作过程和团队创新结果(Shin 和 Zhou,2007)。团队规模,由团队管理者填写所在团队的人数(1=小于等于 5 人,2=6~10 人,3=11~15 人,4=大于等于 16 人)决定。团队成立年限,由团队管理者填写所在团队已经成立的时间(1=小于等于 6 个月,2=7~12 个月,3=13~36 个月,4=超过 36 个月)。团队类型,由团队管理者填写所在团队的成立用途(1=制造,2=研发,3=市场营销,4=其他)。组织类型,由团队管理者填写所在团队的行业类型(1=电子,2=信息技术,3=医药,4=制造,5=其他)。受教育水平包括 4 个选项(1=高中,2=专科,3=本科,4=硕士及以上)。受教育水平指的是团队成员的受教育水平的加总。受教育水平的多样性是一个团队层面的变量,是指团队成员的受教育水平的标准差(Shaw 等,2011)。

3.3.3 分析策略

本章用两种方法来验证个人层面的数据是否能聚合成团队层面的变量。首先,基于单边随机方差分析,关系冲突、任务冲突和分享式领导的 ICC(1)得分分别是 0.47、0.23 和 0.36,ICC(2)得分分别是 0.85、0.65 和 0.77。这些结论都表明,关系冲突、任务冲突和分享式领导在不同团队之间有显著差异。其次,为了进一步确定关系冲突、任务冲突和分享式领导的数据是否可以聚合成团队层面的变量,本研究根据 James 等(1984)的方法检验了组内内部一致性。结果表明,关系冲突、任务冲突和分享式领导的平均 Rwg 得分分别为 0.80、0.80 和 0.91,说明这 3 个变量具有较高的组内内部一致性(James 等,1984)。上述结果表明,关系冲突、任务冲突和分享式领导的数据可以聚合成团队层面的变量。

3.4 数据分析结果

3.4.1 信度和效度检验

验证性因子分析用来检验各变量度量的信度和效度。表3.1是分析结果，包括因子载荷、α值、组合信度和平均方差提取值。因子载荷和平均方差提取值是用来评估聚敛效度(Bagozzi和Yi, 1988; Fornell和Larcker, 1981)的。所有题项的因子载荷都在0.69～0.97，高于0.60的阈值(Bagozzi等,1991)。每个变量的平均方差提取值得分位于0.63～0.90，这些值也超过了0.50的阈值(Bagozzi和Yi, 1988)。除此之外，我们还比较了相关系数与平均方差提取值的平方根，来检验区别效度。表3.2表明，每个变量的平均方差提取值的平方根大于同列的所有相关系数，因此表明区别效度较高(Fornell和Larcker, 1981)。

为了检验度量的信度，我们采用了α值和组合信度这两个指标(Huang和Li, 2009)。参见表3.1，α值处于0.80～0.94，大于0.70的阈值(Huang和Li, 2009)。组合信度的值处于0.87～0.96，也大于0.70的阈值(Bagozzi和Yi, 1988)。所以，检验结果表明度量具有较高的内部一致性。

表3.1　　信度和效度检验

变量	因子载荷	α值	组合信度	平均方差提取值
关系冲突	0.92～0.97	0.94	0.96	0.90
任务冲突	0.69～0.91	0.87	0.91	0.72
分享式领导	0.72～0.87	0.91	0.93	0.67
团队创新	0.69～0.87	0.80	0.87	0.63

3.4.2 回归分析结果

表 3.2 显示了变量的均值、标准差和相关系数。表 3.2 的结果显示，关系冲突与团队创新的相关性是负向显著相关的，而任务冲突与团队创新的相关性是不显著的。同时发现，分享式领导与团队创新的关系是正向显著相关的。

表 3.2 均值、标准差和相关系数

	均值	标准差	1	2	3	4	5	6	7	8	9
1. 关系冲突	2.80	0.73	(0.95)								
2. 任务冲突	2.88	0.46	0.26*	(0.85)							
3. 分享式领导	3.81	0.40	−0.17	0.07	(0.82)						
4. 团队创新	3.92	0.57	−0.56**	−0.06	0.29*	(0.79)					
5. 团队规模	—.	—	−0.10	−0.00	0.05	0.14	—				
6. 团队成立年限	—	—	0.08	0.22	0.07	0.25	0.16	—			
7. 团队类型	—.	—	−0.10	0.00	−0.12	−0.20	−0.06	−0.10	—		
8. 组织类型	—	—	0.13	0.24	0.04	0.06	0.15	0.09	0.03	—	
9. 受教育水平	—.	—	0.03	−0.22	−0.14	0.00	−0.08	−0.10	−0.16	−0.10	—
10. 受教育水平的多样性	—	—	−0.06	0.12	0.08	0.02	0.04	0.03	0.12	0.19	−0.28*

* $P<0.05$，** $P<0.01$，括号内是平均方差提取值的平方根。

本章使用逐步回归分析来检验我们的假设，因为这种方法可以用来检验非线性关系(Lechner 等，2010)。在关于团队创新的研究中，逐步回归分析法已经被广泛地采用(De Dreu，2006；Farh 等，2010)。与以往的研究一致(Lechner 等，2010)，我们先将自变量标准化，然后构造乘积项。回归方程中非线性的部分就用变量的平方项表示。在回归方程中，先带入自变量，然后再带入平方项，就可以观察，与线性关系相比非线性关系方程的方差解释程度。在回归方程中，若已经考虑了线性关系，在此基础上非线性项显著，则代表非线性关系成立(Cohen 等，2003)。

表 3.3 显示的是回归分析的结果。所有估计系数的方差膨胀因子都小于 10(Cohen 等，2003)，表明多重共线性在可以接受的范围内。

在模型 1 中,我们代入了 6 个控制变量。在这些控制变量的系数中,只有团队成立年限的系数是显著的($\beta=0.32$, $p<0.05$)。

表 3.3　　因变量是团队创新的逐步线性回归结果

变量	团队创新				
	模型 1	模型 2	模型 3	模型 4	模型 5
团队规模	0.11	0.03	0.04	0.02	0.01
团队成立年限	0.32*	0.33*	0.28*	0.28*	0.28**
团队类型	−0.24	−0.22	−0.23	−0.18	−0.19
组织类型	−0.16	−0.14	−0.17	−0.12	−0.16
受教育水平	0.01	0.03	0.03	0.14	0.11
受教育水平的多样性	0.08	0.03	0.04	0.06	0.02
关系冲突		−0.57**	−0.53**	−0.50**	−0.54**
任务冲突		0.02	0.09	0.10	0.13
任务冲突的平方			−0.33**	−0.35**	−0.26*
分享式领导				0.17	0.15
关系冲突×分享式领导					0.24*
任务冲突×分享式领导					−0.20*
任务冲突的平方×分享式领导					−0.27*
R^2	0.05	0.37	0.46	0.50	0.59
ΔR^2		0.32	0.09	0.04	0.09
F 值	1.42	4.82**	5.93**	6.47**	6.86**

* $P<0.05$, ** $P<0.01$。

在模型 2 中,我们增加了两个自变量。结果显示,关系冲突是负向显著影响团队创新的($\beta=-0.57$, $p<0.01$),结论支持了 H1。该模型的拟合系数是显著的($R^2=0.37$),而且相对于模型 1 来说,拟合系数有显著的增加。

为了检验非线性关系,在模型 3 中我们添加了平方项。进而发现,任务冲突的平方项是负向显著的($\beta=-0.33$, $p<0.01$)。R^2 的改变程

度也是显著的，进一步揭示了非线性关系的显著性(Cohen 和 Cohen，1983)，结论支持了 H2。

在模型 4 中，我们加入了调节变量分享式领导。结果显示，分享式领导与团队创新的关系并不显著($\beta=0.17$，n. s.)。基于 Aiken 和 West(1991)的研究，我们在模型 5 中代入了一次乘积项和平方乘积项。

模型 5 的结果表明，关系冲突与分享式领导的乘积项是显著的($\beta=0.24$，$p<0.01$)。这说明分享式领导可以调节关系冲突与团队创新的线性关系。根据 Aiken 和 West(1991)推荐，为了进一步理解调节效应，我们画出当分享式领导高或低时，关系冲突与团队创新的斜率(见图 3.1)。图 3.1 的结果与 H3 是一致的，即分享式领导弱化了关系冲突与团队创新的负向关系。为了加深对调节效应的理解，我们比较了图中两个斜率的显著性。发现，当分享式领导(这里指程度，后同)低时，关系冲突负向显著影响团队创新(斜率$=-0.76$，$p<0.01$)；当分享式领导(这里指程度，后同)高时，关系冲突与团队创新的关系变得不显著(斜率$=-0.10$，n. s.)。

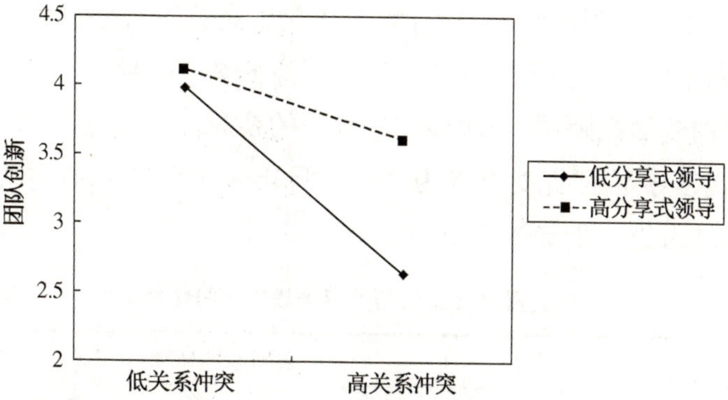

图 3.1　分享式领导对关系冲突与团队创新关系的调节作用

最后，模型 5 的结果显示，任务冲突的平方与分享式领导的乘积项是负向显著的($\beta=-0.27$，$p<0.05$)。同样的，基于 Aiken 和 West(1991)的研究，我们画出当分享式领导高或低时，任务冲突与团队创新

的曲线关系(见图 3.2)。图 3.2 的结果表明,当分享式领导低时,任务冲突与团队创新的关系呈轻微的曲线关系;当分享式领导高时,任务冲突与团队创新的曲线关系被强化了,呈现为一条明显的曲线。所以,该结论支持了 H4。

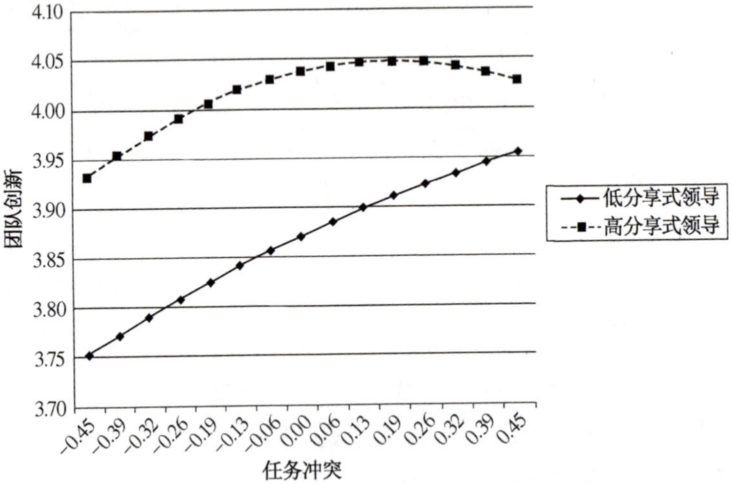

图 3.2　分享式领导对任务冲突与团队创新的曲线关系的调节作用

为了更好地理解曲线关系,我们比较了高分享式领导和低分享式领导下两条曲线的关系。表 3.4 展示了高分享式领导和低分享式领导下,两条曲线的截距项、一次项和二次项的系数,以及顶点。不难发现,高分享式领导下的曲线顶点为 0.20,低分享式领导下的曲线顶点为 1.22。该结果进一步支持了 H4。

表 3.4　因变量是团队创新的逐步线性回归结果

任务冲突—团队创新	回归系数(β)			
	截距项(β_0)	一次项(β_1)	二次项(β_2)	曲线顶点$=-\beta_1/2\beta_2$
高分享式领导(+S.D.)	4.04	0.11	−0.28	0.20
低分享式领导(−S.D.)	3.87	0.22	−0.09	1.22

3.5 结论与讨论

本章研究探索了在跨组织团队中，两类不同类型的冲突对团队创新的影响，以及调节变量的作用。具体说来，本章研究发现关系冲突是负向影响团队创新的，而任务冲突对团队创新的影响呈倒 U 型：相对于任务冲突程度低或高时，适度的任务冲突更能带来高创新绩效。因此，本章研究表明了在跨组织团队情境下，区别研究关系冲突和任务冲突的必要性；要最大程度地利用好任务冲突对于团队创新的好处，同时减小关系冲突对于团队创新的不利影响。

尽管本章研究关于跨组织团队中冲突与创新关系的结论与传统的单个组织内部团队情境下的结论类似（Farh 等，2010；Xie 等，2014），但是结论推导过程中的一些潜在的中介机理表明，跨组织团队的冲突管理比传统的单个组织内部团队的冲突管理要复杂。例如，跨组织团队中适度的任务冲突会促进团队内的知识分享，进而提升团队创新。实际上，欲促进跨组织团队内知识分享和合作，是非常不容易的（Lawson 等，2009；Munksgaard 等，2012）。因此，本章研究的研究结论背后所蕴含的推理过程表明了跨组织团队中冲突管理的重要性。正如 Schulze 等(2014)声称的，"冲突研究的本身远没有如何管理冲突更加重要"。顺应这一呼应，本章研究探索了分享式领导作为冲突与创新关系的边界条件（Davis 和 Eisenhardt，2011）。我们发现了分享式领导（程度）越强，任务冲突与团队创新的倒 U 型关系越明显；关系冲突与团队创新的负向关系越会被削弱。

4　分享式领导对团队及个人创新的作用机理

4.1　引言

组织间经常进行跨组织合作来应对市场的变化(Faems 等,2005; Rese 等,2013; Stock 和 Zacharias,2011)。通过建立跨组织团队,合作方组织能够更方便地交流知识和信息,从而有利于创新(Du 和 Ai, 2008)。但是,“对于跨组织合作的创新项目涉及的合作方成员,往往缺乏正式的团队结构和权威的控制制度”(Rese 等,2013)。在此情况下,团队成员共同拥有领导角色或执行领导行为,对于创新十分必要(Robert, 2013)。领导权分散给团队成员将有利于跨组织团队的创新(Lee 等,2011)。在各种各样的领导力研究中,分享式领导十分重要,因为在跨组织团队中分享式领导会将领导权下放给合作各方的成员(Thorpe 等,2011)。以往关于分享式领导的文献已经从领导行为的视角,即下放领导责任给团队成员等,团队成员分享领导权力去研究分享式领导对团队结果的影响(Carson 等, 2007; Ensley 等, 2003; Thorpe 等,2011)。基于此视角,本章将探索跨组织团队中,分享式领导对团队和个人创新的影响机理。

本章有三个研究目的。第一,本章将会考察一个重要的团队过程,即知识分享在分享式领导与团队创新的关系中的作用。知识分享指的是团队成员相互交流跟工作任务有关的观点,建议和信息等

(Srivastava 等,2006)。现有研究指出,成功的跨组织合作创新依赖于跨越组织边界的知识分享(Lawson 等,2009)。以往研究已经指出,领导力对于促进团队创新十分必要(Davis 和 Eisenhardt, 2011),但是,很少有研究去探讨分享式领导对于团队创新的作用机理,特别是在跨组织团队情境下。相对于传统的单个组织内部的团队,跨组织团队面临着团队成员多样性的挑战,若无法有效管理团队成员的多样性,将危及合作创新的成果(Dekker, 2004)。正如 DiTomaso 和 Hooijberg (1996)所述,"领导力对于管理好团队多样性十分重要,但是目前关于领导力的研究还不多"。在这种情况下,对于跨组织团队来说,分享式领导是否会影响团队创新十分值得研究。

领导力理论已经指出,领导力与创新之间的关系是复杂的(Srivastava 等,2006)。领导力往往会通过团队运作的过程,影响团队创新的结果(Nicolaides 等,2014)。特别是对于跨组织团队来说,"团队过程是团队成员相互协调合作整合各自资源的方式"(Marks 等,2001)。

第二,其实成功的跨组织合作创新不仅依赖团队创新的结果,也依赖个人创新(Hoegl 和 Parboteeah, 2007; Liao 等, 2010)。不像团队创新指的是团队提出新颖且有用的观点,个人创新主要指的是个人提出跟工作流程、产品和服务等相关的新颖且有用的观点(Carmeli 等,2014; Shin 和 Zhou, 2007; Zhou 和 Shalley, 2003)。以往的文献已经指出这两种创新是相关的(Pirola-Merlo 和 Mann, 2004)。但是,关于领导力如何同时影响团队创新和个人创新的研究,目前十分缺乏(Gong 等,2013)。因此,本章的第二个目的是提出一个跨层次分析模型,去探讨分享式领导如何通过知识分享这一中介过程,同时影响团队创新和个人创新的。而且现有文献也呼吁同时研究领导力跨层次对团队个个人行为结果的影响(Yoshida 等,2014)。

第三,以往很少有研究探讨领导力对团队过程和团队结果影响的边界条件(Srivastava 等,2006; Wang 和 Howell, 2012),本章旨在弥补以往研究不足,引入团队的任务互依性作为情境变量。领导力理论已经指出，领导力的作用机理不是在真空中，团队的任务特性将会影响领导力的有效性(Day 等，2006)。以往的研究已经指出，合作方成员间的任务的相互交流、相互影响，对于跨组织团队的创新十分关键(Enz 和 Lambert，2012)。特别的，任务互依性指的是个人工作任务与其他团队成员的工作任务的依赖程度(Staples 和 Webster，2008)。在跨组织团队中，任务互依性是个非常重要的团队任务特征(Dekker，2004)。大量的文献表明，任务互依性可以调节前因变量对团队运作过程的影响，而不是直接影响团队结果(Appleyard 等，2008；Borys 和 Jemison，1989)。因此，本研究不但丰富了分享式领导对创新影响的中介机制的研究，而且强调了分享式领导的情境模型。

综上所述，在探讨跨组织团队中分享式领导是否以及怎样影响创新时，本章基于信息交换理论。信息交换理论主要强调的是信息和知识的分享有利于创新(Gong 等，2013)。基于此，本章研究了知识分享这一团队过程在分享式领导与创新的关系中的中介作用。进一步的，整合领导力理论与信息交换理论，本章提出了分享式领导不但可以通过知识分享影响团队和个人创新，而且其作用过程还受到任务互依性的调节作用的影响。

4.2 理论假设

4.2.1 分享式领导与知识分享

知识分享指的是团队成员分享与工作有关的观点、建议和信息等的程度(Staples 和 Webster，2008)。知识分享被认为是一种非常重要的团队过程，因为它可以拓展跨组织团队中的知识储量(Lawson 等，2009)。然而，跨组织团队中的知识分享并不会自动发生，因为来自不同合作方的成员会因各种原因不主动与其他组织的成员进行知识分享(Wang，1997)。因此，以往文献就强调需要有一定的领导方式来促进团队中知识分享的发生(Srivastava 等,2006)。由于分享式领导可以“通过增强员工工作自主性、支配权来给予员工更大的授权”(Carson 等,2007),所以分享式领导一直被认为是十分有利于促进知识分享的。

首先,分享式领导可以增强社交网络的密度来促进跨组织团队内的知识分享(Carson 等,2007)。具体说来,分享式领导可以强化团队成员间互利互惠的关系,即使当这些成员来自不同的组织(Day 等,2004)。这就意味着,当跨组织团队内领导责任被团队成员分享时,团队成员会积极协助、支持其他成员的工作(Day 等,2004)。在此情形下,跨组织团队中的成员可以很容易地与来自其他组织的成员建立相互信任的合作关系。这种信任的关系使团队成员更乐意提出自己的想法和观点,而不用担心被惩罚或者害羞,因此会促进团队内的知识分享。

其次,因为分享式领导强调合作方成员要拥有共同的目标,因此分享式领导会促进团队内的知识分享(Carson 等,2007)。成功的跨组织团队都被认为善于促进团队内的知识分享,从而达到预期的合作目标(Lawson 等,2009)。分享式领导提供了一种动机,该动机激励员工为了共同的目标而自发地相互影响(Pearce 和 Conger, 2003)。这就意味着,分享式领导通过动员多个团队成员一起,激励他们分享与任务有关的信息和知识,从而实现他们共同愿景和目标。

最后,分享式领导也会通过增强团队学习能力来影响团队内知识分享(Printy 和 Marks, 2006)。以往的研究揭示,分享式领导的一个重要标志就是团队成员一起学习,将会激励团队成员进行知识和信息的搜寻、交换和转换(Davis 和 Eisenhardt, 2011)。由于分享式领导促使团队成员相互倾听和改进其他成员的观点,团队成员会与其他合作方组织的成员相互分享知识。综上所述,本章提出以下假设。

H1:在跨组织团队中,分享式领导会正向影响团队的知识分享。

4.2.2 知识分享与团队及个人创新

知识分享是一个非常重要的影响团队运作结果的团队过程。对于团队创新而言，知识分享之所以重要，是因为知识分享带来了知识输入的多样性(Carmeli 和 Paulus，2015；Gong 等，2013)。在一个跨组织团队里，来自不同组织的员工被聚在一起，去解决复杂的问题或产品、服务等研发任务。此时，知识分享不可避免，因为知识分享让来自不同组织的成员相互交流与工作相关的经验或想法(Lawson 等，2009)。通过知识分享，跨组织团队的团队成员可以综合来自不同组织的知识和技能(Gong 等，2013)。因此，跨越组织边界的、更广泛的认知资源将有利于合作各方共同解决问题，进而提升团队的创新能力(Takeishi，2001；Lawson 等，2009)。

另外，知识分享也有利于促进跨组织团队中的个人创新。考虑到个人行为是镶嵌在团队的工作中的，因此团队工作将会为个人创新提供很多知识来源(Lawson 等，2009；Shin 等，2012)。特别的，对于跨组织团队来说，知识分享将会为个人带来不同组织的知识、信息和技术等资源，这些都将有利于个人从事与创新有关的实践活动，如信息的处理、重新审视和完善自己的观点、倾听并整合他人的观点等(Shin 等，2012)。综上所述，本章提出以下假设。

H2a：在跨组织团队中，团队的知识分享会正向影响团队创新。

H2b：在跨组织团队中，团队的知识分享会正向影响个人创新。

4.2.3 知识分享的中介作用

有关领导力研究的文献指出，领导力可以通过团队过程同时影响团队层面和个人层面的行为结果(Nicolaides 等，2014)。本研究基于此观点提出，分享式领导会通过团队过程同时影响团队创新和个人创新。换句话说，整合假设 1 和假设 2，本研究认为知识分享会调节分享式领导与团队创新及个人创新的关系。实际上，以往的研究已经指出，分享式领导之所以影响个人创新是因为分享式领导激励个人敢于、能够积极参与问题解决过程(Wood 和 Fields, 2007)。同时,分享式领导与团队创新也是正向相关的,并且它们的关系受到团队过程的中介因素影响(Kirkman 和 Rosen, 1999)。因此,本章提出以下假设。

H3a:在跨组织团队中,团队的知识分享会在分享式领导与团队创新的关系中起中介作用。

H3b:在跨组织团队中,团队的知识分享会在分享式领导与个人创新的关系中起中介作用。

4.2.4 任务互依性的调节作用

4.2.4.1 任务互依性的前半段调节作用

以往的文献已经指出,分享式领导与创新的关系很可能会被团队的任务特征强化或者弱化(Bligh 等,2006)。在跨组织团队中,领导行为的有效性取决于合作各方的成员是否能互相帮助、协助来完成团队的工作任务或者问题(Holland 等,2000)。顺应这一逻辑,任务互依性可能会影响分享式领导对于创新的作用过程。正如 Aubé 和 Rousseau (2005)所述,"任务互依性指的是为了完成团队任务,团队成员需要在一起工作的程度"。对于跨组织团队来说,对团队任务进行细分之后,来自不同组织的成员需要完成不同的特定任务。于是,任务互依性不仅体现了团队成员被任命的任务角色,还反映了他们在一段时间内相对稳定的、任务相互依赖的程度(Van Der Vegt 和 Van De Vliert, 2005)。

学者们研究发现,任务互依性的潜在作用在于弱化了团队中已经存在的认知偏见或者僵化思维(Somech 等,2009)。换言之,为了完成跨组织合作的任务,高水平的任务互依性创造了较高的合作需要,因此合作方成员间需要较紧密的合作才能共同完成跨组织合作任务(Liden 等, 2006)。基于此认识,本研究认为,任务互依性越高时,分享式领导与知识分享的正向关系会越强。当任务互依性高时,个人的工作需要其他成员的知识和技能的支持帮助,这就意味着个人的工作任务无法仅仅靠自己完成。于是,个人就会形成强烈的感觉:要完成任务必须要与其他团队成员一起紧密地合作(Langfred, 2000)。与其他团队成员相互依赖的程度提高，就使分享式领导更需要促进团队成员的合作行为，如知识分享。换句话说，较高的任务互依性促使个人会更加有效利用分享的自主权力，去与合作方成员交换与任务有关的知识。综上所述，本章提出以下假设。

H4：任务互依性会调节分享式领导与知识分享的关系，任务互依性越高，分享式领导与知识分享的关系会越强。

4.2.4.2 任务互依性的后半段调节作用

本章认为，任务互依性会强化知识分享与创新的关系。学者们已经指出，“当团队成员间相互交流知识和信息时，任务互依性较高的团队相对于任务互依性较低的团队更能取得较好的绩效”。(Sharma 和 Yetton, 2007)于是，当团队需要合作方成员的任务相互依赖时，成功的创新更加依赖于有效的协调、协商。知识分享能够为团队提供共同的认知，并且促进团队某种隐性合作，这些都将有利于创新。基于此，当跨组织团队中任务互依性较高时，知识分享对团队创新和个人创新的正向影响将被放大。因此，本章提出以下假设。

H5a：任务互依性调节知识分享与团队创新的关系，任务互依性越高时，知识分享与团队创新的关系越强。

H5b：任务互依性调节知识分享与个人创新的关系，任务互依性越高时，知识分享与个人创新的关系越强。

图 4.1 展示了本章论述内容的理论模型。

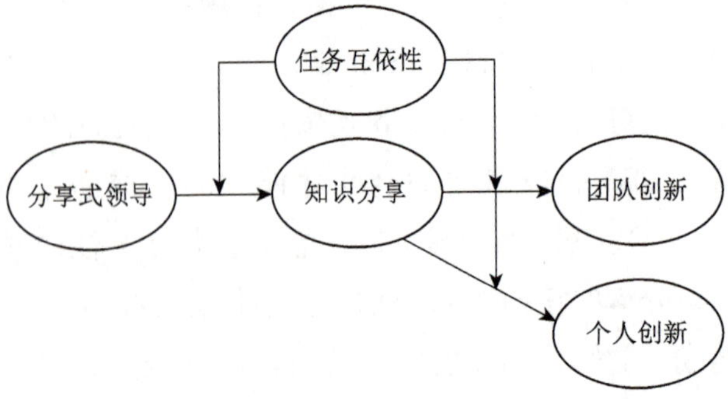

图 4.1 理论模型

4.3 研究设计

4.3.1 数据收集

本章的研究团队与国内一所顶尖的高校合作发放了问卷。在合作高校的协助下，共向68个跨组织团队发放了问卷。这68个团队来自19个公司，所属行业有信息技术、制造业、医疗等。在发放问卷时，我们采取了一系列方法来确保被试者明确知道本研究的目的。首先，本研究团队的研究助理会去接触每个被选中的跨组织团队，去解释本研究的目的，然后发放问卷。其次，纸质问卷的封面会有一页专门介绍本研究的调查对象是跨组织团队。最后，问卷中每个变量测量题项前都会有一句导语来提醒被试者调查对象是跨组织团队，如“合作团队中各方成员……”，这样做就是为了反复提醒被试者调查对象是跨组织团队，而不是他自己工作单位内部的团队。

为了增加问卷的回收率，我们也采取了两种方法。首先，本章研究团队的研究助理访谈了被试跨组织团队，去解释了本研究的目的，并且邀请对方参与本研究。其次，发放了问卷之后，本研究团队的研究助理还通过后续的电话联系或者电子邮件联系跟踪问卷填写情况。最终，回收了54个团队的问卷，回收率为79.4%。考虑到其中一个团队的数据有缺失值，最终采用了53个团队的数据，涉及53位团队管理者和270位员工。这53个样本团队中，团队规模小于等于5人的占7.5%，6～10人的占43.4%，11～15人的占20.8%，16人及以上的占28.3%。团队成立年限为1～6个月的占13.2%，7～12个月的占20.8%，13～36个月的占30.2%，36个月及以上的占35.8%。

4.3.2 变量测量

本研究中所有变量的量表，均来自以往文献。问卷题项原始量表都是英文的。基于Brislin(1986)的方法,我们先将英文题项翻译成中文。具体说来,由本章研究团队中两名独立的并且懂中英文的研究者,将英文题项翻译成中文,然后再翻译成英文。在翻译过程中,两名翻译者若有任何不同见解,由他们自己相互交流并达成一致。这种翻译方法确保了中文问卷和英文问卷语义的一致性。即使是这样,也依然无法确保语义的一致性(Schaffer和Riordan,2003)。因此,我们在实践中,还使用了别的方法(Muniz和Bartram, 2007; Schaffer和Riordan, 2003)来确保中文翻译的内容效度。基于Schaffer和Riordan (2003)推荐的方法,我们采用了局内人和局外人观点的方法来进一步确保中文翻译语义的一致性。我们咨询了3名问卷填写的参与者(包括两名团队成员和一名团队管理者),以及两名与本研究无关的懂中英文的学者。由两名局外人帮忙审核原始英文题项是否能够推广到中国情境下进行应用。3名局内人帮忙审核中文翻译题项是否符合中国人的语言习惯。最后,根据他们的建议,我们对中文问卷又做了一些修改。为了避免共同方法偏误,由团队成员来填写有关分享式领导、知识分享、任务互依性和个人创新部分,团队管理者来填写团队创新部分。

4.3.2.1　因变量

团队创新。该变量量表选自Shin和Zhou(2007),共有4个题项。这些题项用来测量跨组织团队产生新点子、新观点的程度。例如,"……提出很多新点子和新创意"(1=完全不同意;……5=完全同意)。题项的因子载荷为0.71~0.86, α值为0.80。

个人创新。该变量采用Dul等(2011)开发的量表,共有3个题项。这些题项用来测评个人提出新点子、新想法的程度。例如,"我能基于团队现有的资源产生有用的想法、方法或成果"(1=完全不同意;……5=完全同意)。题项的因子载荷为0.87~0.87, α值为0.84。尽管目前大部分文献都采用领导测评的方法来评价员工的个人创新(Gong等,2013),但是员工自评的方法也是可以被接受的(Dul等,2011; Shalley等,2009)。特别的,在本章研究的情境下,员工自评的方法可能更适用于个人创新的测量。首先,跨组织团队广泛采用的是分享式领导这一领导方式,因此团队中很难有一个权威的领导者去准确、全面地观察到团队中每位成员的创新表现。而且,创新行为本身就是一种很微妙的行为,只有创新者自己才更清楚其在工作任务中发挥了多少创造性的创意和想法(Dul 等,2011; Shalley 等,2009; Zhou 等,2008),旁边者未必能全面准确地了解某位员工的创造性才能的发挥,因此未必能很准确地评价某位员工的个人创新表现(Hocevar, 1981; Carmeli 等,2014; Zhou 等,2008)。其次,尽管自评方法会带来主观偏误,但以往文献(Axtell 等,2000)已经指出,自评的个人创新跟他评的个人创新其实是高度相关的($\beta=0.62$, $p<0.001$)。后续的实证研究也表明了自评的个人创新也具有良好的效度(Dul 等,2011; Shalley 等,2009; Unsworth 等,2005)。

4.3.2.2 自变量

分享式领导。量表共有 10 个题项,出自 Wood 和 Fields (2007)。这些题项主要测评团队成员参与团队决策过程的程度。例如,"……在团队面临问题时,共同决定最好的行动方案"(1=完全不同意;……5=完全同意)。题项的因子载荷为 0.63~0.84, α 值为 0.87。

知识分享。该变量的量表由 4 个题项构成,出自 Faraj 和 Sproull (2000)。这些题项用来测评跨组织团队中合作各方成员相互交流知识和信息的程度。例如,合作各方成员"经常讨论专业知识和技能"(1=完全不同意;……5=完全同意)。题项的因子载荷为 0.81~0.90, α 值为 0.83。

任务互依性。采用 Van Der Vegt 等(2000)开发的量表,共 4 个题项。这些题项主要测量跨组织团队中个人工作需要合作方成员的支持的程度。例如,"我方需要合作方提供信息和建议来帮助我方更好地完成工作"(1=完全不同意;……5=完全同意)。题项的因子载荷为 0.85~0.92, α 值为 0.90。

控制变量。本章将个人的性别、年龄和受教育水平作为个人层面的控制变量(Amabile, 1988),将团队的规模和成立年限作为团队层面的控制变量(Harrison 等,2002)。

4.3.3 分析策略

为了确定个人层面的数据是否能聚合到团队层面,本研究检验了组内一致性和组间方差(James 等,1984)。组内一致性由 Rwg 指标来检验,组间方差由 ICC(1)和 ICC(2)来检验。以往的文献已经指出,分享式领导是一个团队层面的变量(Bligh 等,2006; Pearce 和 Conger, 2003)。数据分析显示,ICC(1)=0.14 且 ICC(2)=0.90,因此分享式领导可以聚合成团队层面的变量。以往的文献也揭示了任务互依性和知识分享也是团队层面的变量(Gavin 和 Hofmann, 2002)。结果显示,任务互依性和知识分享的 ICC(1)分别是 0.33 和 0.31, ICC(2)分别是 0.96 和 0.96。这些结果表明任务互依性和知识分享确实可以聚合成团队层面的变量(Gong 等,2013)。除此之外,为了进一步确定分享式领导、任务互依性和知识分享的数据是否可以聚合成团队层面的变量,本研究检验了组内内部一致性。结果表明,分享式领导、任务互依性和知识分享的平均 Rwg 得分分别为 0.80、0.87 和 0.89,所有得分都超过 0.70 的阈值(James 等,1984)。上述结果表明,分享式领导、任务互依性和知识分享的数据可以聚合成团队层面的变量。

4.4 数据分析结果

4.4.1 信度和效度检验

本章采用验证性因子分析用来检验数据的信度和效度。表 4.1 显示组合信度处于 0.87~0.93,高于 0.70 的阈值。每个变量的平均方差提取值得分位于 0.57~0.77,这些值也超过了 0.50 的阈值。这些结果表明聚敛效度较好。除此之外,我们还比较了相关系数与平均方差提取值的平方根,来检验区别效度。如表 4.2 所示,每个变量的平均方差提取值的平方根大于同列的所有相关系数，表明区别效度较好。

表 4.1　　信度和效度检验

变量	组合信度	平均方差提取值
分享式领导	0.90	0.57
任务互依性	0.93	0.77
知识分享	0.90	0.75
团队创新	0.87	0.63
个人创新	0.90	0.76

4.4.2　描述性统计

表 4.2 总结了各个变量的均值、标准差和相关系数。不难发现，分享式领导与知识分享都是与团队创新正向相关的（分别是 $\beta=0.39$，$p<0.01$；$\beta=0.42$，$p<0.01$）。

表 4.2　　均值、标准差和相关系数

变量	均值	标准差	1	2	3	4	5	6	7
个体层面变量									
1. 性别	—	—							
2. 年龄	—	—	0.07						
3. 受教育水平	—	—	0.04	−0.05					
4. 个人创新	3.98	0.55	0.01	0.13*	−0.08	(0.87)			
团队层面变量									
1. 团队规模	—	—							
2. 团队成立年限	—	—	0.14						
3. 分享式领导	3.85	0.33	−0.06	0.18	(0.75)				
4. 知识分享	4.03	0.39	0.10	0.09	0.44**	(0.87)			
5. 任务互依性	4.00	0.39	0.05	0.02	0.48**	0.44**	(0.88)		
6. 平均个人创新	3.99	0.36	−0.07	0.25	0.53**	0.46**	0.37**	(0.94)	
7. 团队创新	3.94	0.55	0.21	0.31*	0.39**	0.42**	0.36**	0.42**	(0.79)

* 表示 $P<0.05$，** 表示 $P<0.01$，括号内数字是平均方差提取值的平方根。

4.4.3 团队层次的分析结果

本章采取逐步回归分析来检验团队层面的假设。基于以往关于创新的研究(Baron 和 Tang，2011)，本章将检验三个条件：①分享式领导对团队创新的影响是显著的；②分享式领导对知识分享的影响是显著的，分享式领导与任务互依性的乘积项对知识分享的影响是显著的；③知识分享对团队创新的影响是显著的，知识分享与任务互依性的乘积项对团队创新的影响是显著的。这些回归分析中系数的方差膨胀因子最大值为 2.79，小于 10 的阈值(Huang 等，2014)，因此，多重共线性并不严重。

表 4.3　　　　团队层面的回归分析结果

变量	知识分享			团队创新		
	模型 1	模型 2	模型 3	模型 4	模型 5	模型 6
团队规模	0.09	0.13	0.19	0.20	0.16	0.15
团队成立年限	0.07	−0.02	−0.04	0.21*	0.22*	0.23*
分享式领导		0.45**	0.21	0.36**	0.24*	0.11
任务互依性			0.56**			0.02
知识分享					0.28**	0.39**
分享式领导×任务互依性			0.47**			−0.21
知识分享×任务互依性						0.28*
R^2	0.02	0.21	0.43	0.25	0.31	0.37
ΔR^2		0.19	0.22		0.06	0.06

* 表示 $P<0.05$，** 表示 $P<0.01$。

H1 假设分享式领导会正向影响知识分享。如表 4.3 模型 2 所示，分享式领导是正向影响知识分享的($\beta=0.45$，$p<0.01$)，因此 H1 成立。同时，表 4.3 的模型 5 显示，知识分享是正向显著影响团队创新的($\beta=0.28$，$p<0.01$)。因此，H2a 成立。H3a 假设知识分享在分享式领导与团队创新的关系中起中介作用。表 4.3 的结果显示，当

将知识分享代入回归方程时，分享式领导与团队创新的关系系数降低了，系数由 0.36($p<0.01$，模型 4)降低到 0.24($p<0.05$，模型 5)，因此，H3a 成立。

H4 假设任务互依性可以调节分享式领导与知识分享的关系，并且任务互依性越高，分享式领导与知识分享的关系越强。表 4.3 中模型 3 的结果显示，分享式领导与任务互依性的乘积项正向影响知识分享($\beta=0.47$, $p<0.01$)。因此，H4 成立。我们进一步地画出在任务互依性高和低时，分享式领导与知识分享的斜率图(Aiken 和 West，1991)。图 4.2 显示了任务互依性可以强化分享式领导与知识分享的关系。具体说来，当任务互依性低时，分享式领导正向影响知识分享(斜率=0.30, $p<0.05$)；当任务互依性高时，分享式领导与知识分享的关系被强化了(斜率=0.97, $p<0.01$)。

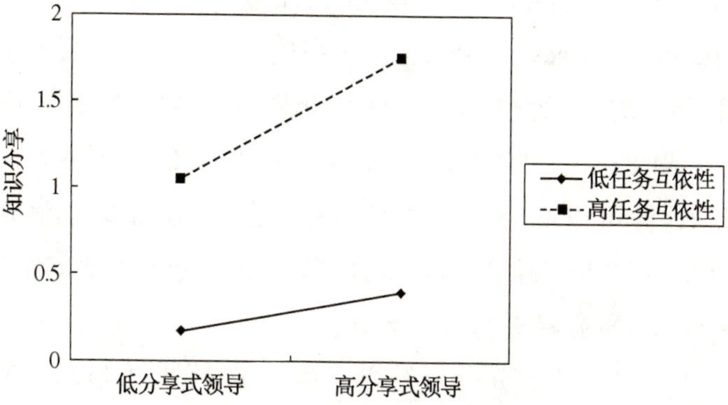

图 4.2 分享式领导与任务互依性的交互作用对知识分享的影响

H5a 假设任务互依性可以调节知识分享与团队创新的关系。表 4.3 中模型 6 的结果显示，知识分享与任务互依性的乘积项正向影响团队创新($\beta=0.28$, $p<0.05$)。我们进一步地画出交互图(Aiken 和 West，1991)。如图 4.3 所示，当任务互依性低时，知识分享与团队创新的关系是正向的(斜率=0.32, $p<0.01$)；当任务互依性高时，知识分享与团队创新的关系被强化了(斜率=0.89, $p<0.01$)。

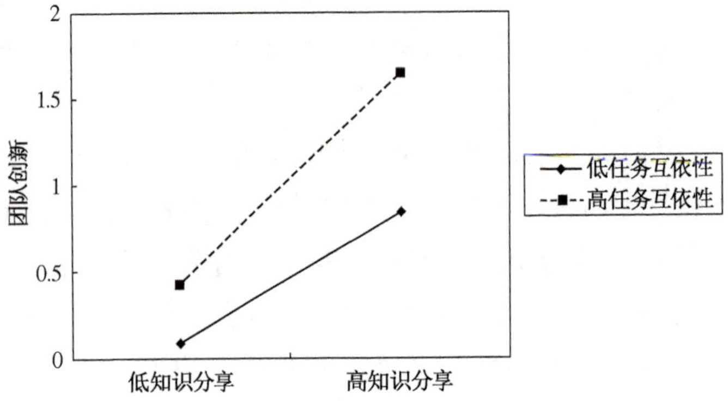

图 4.3　知识分享与任务互依性的交互作用对团队创新的影响

4.4.4　跨层次的分析结果

本章用跨层次线性回归模型（HLM）来检验跨层次的假设（Gumusluoglu 和 Ilsev，2009）。在本研究中，先对个人层次的预测变量进行组内平均，因为这样可以区别跨层次的交互项和组间交互项（Hofmann 和 Gavin，1998）。同时，对团队层次的预测变量进行总体平均，因为这样可以减小截距和斜率的协方差，从而减小潜在的多重共线性（Wang 和 Rode，2010）。与团队层次的分析类似，对于跨层次的假设检验，本研究将进行四个步骤。

表 4.4 总结了 HLM 分析结果。第一步，模型 1 显示分享式领导会显著正向影响个人创新（$\beta=0.80$，$p<0.01$）。第二步，知识分享会正向影响个人创新（H2b）。模型 2 的结果显示，知识分享正向影响个人创新（$\beta=0.42$，$p<0.01$），因此支持了 H2b。第三步，将知识分享代入回归方程，分享式领导与个人创新的关系系数降低了，由 0.80（$p<0.01$，模型 1）降低到 0.72（$p<0.01$，模型 3），因此支持了 H3b。第四步，任务互依性应该调节知识分享与个人创新的关系（H5b）。正如模型 3 所示，知识分享与任务互依性的交互作用不显著（$\beta=-0.01$，n. s.）。所以，H5b 不成立。

表 4.4　　　　　　　　跨层次分析结果

变量	个人创新			
	模型 1	模型 2	模型 3	模型 4
个人层次				
性别	0.05	0.05	0.06	0.05
年龄	0.10	0.09	0.10	0.10
受教育水平	0.04	0.03	0.03	0.03
团队层次				
团队规模	−0.01	−0.06	−0.02	−0.03
团队成立年限	0.03	0.06	0.03	0.04
分享式领导	0.80**		0.72**	0.74**
知识分享		0.42**	0.16*	0.23*
任务互依性				−0.12
分享式领导×任务互依性				−0.07
知识分享×任务互依性				−0.01

* 表示 $P<0.05$，** 表示 $P<0.01$。

4.4.5　附加分析

至此，本章已经探讨了分享式领导和知识分享对团队创新与个人创新的作用机理。考虑到个人创新是团队创新的基石，一些学者已经研究了个人创新对团队创新的作用（Gumusluoglu 和 Ilsev，2009；Gong 等，2013）。然而，现有个人创新对团队创新的影响结论并不一致（Gumusluoglu 和 Ilsev，2009；Gong 等，2013）。有关创新的研究指出，这种不一致的原因可能是情境因素的作用（Gumusluoglu 和 Ilsev，2009）。而现有研究都是基于传统的单个组织内部的团队情境，很少有研究涉及跨组织团队情境。进一步，以前跨层次研究个人创新与团队创新使用的都是领导测评的方法（Yoshida 等，2014）。而本章对个人创新用自评方法，对团队创新用领导测评方法。有关创新的文献指出，我们需要对自评和他评的创新的区别保持谨慎态度，因为自评或他评方法可能会影响研究结论（Shalley 等，2000；Unsworth 等，2005）。因此，有必要实证研究自评的个人创新与他评的团队创新的关系。

如表 4.2 所示，平均个人创新与团队创新是正向相关的（$\beta=0.42$，$p<0.01$）。进一步的，我们利用线性回归的方法探索个人创新对团队创新的解释程度。首先，我们代入控制变量。然后，将平均个人创新代入回归方程。结果见表 4.5。表 4.5 显示，当控制住团队规模和团队成立年限后，平均个人创新会正向显著影响团队创新（$\beta=0.39$，$p<0.01$）。因此，在跨组织团队中，自评的个人创新会正向影响他评的团队创新。

表 4.5　　个人创新与团队创新关系的回归结果

变量	团队创新	
	模型 1	模型 2
团队规模	0.17	0.21*
团队成立年限	0.28**	0.18
平均个人创新		0.39**
R^2	0.12	0.26
ΔR^2		0.14

* 表示 $P<0.05$，** 表示 $P<0.01$。

4.5　结论与讨论

跨组织团队是一种非常有效的跨组织合作创新的方式，因此研究跨组织团队情境下创新的作用机理十分必要（Bstieler 和 Hemmert，2010）。特别的，本章聚焦于跨组织团队中，分享式领导是否会，以及怎样影响团队及个人层面的创新。

首先，尽管本章并未假设分享式领导对团队创新和个人创新的主效应作用，但是数据分析结果显示分享式领导是正向影响团队创新（$\beta=0.36$，$p<0.01$）和个人创新的（$\beta=0.80$，$p<0.01$）的。这个结论与以往研究中单个组织内部团队情境下，分享式领导与创新关系的研究结论是一致的（Mihalache 等，2014）。考虑到相对于传统的有关单个组织内部团队，跨组织团队面临的管理挑战要多得多，因此不能简单地将传统的有关单个组织内部团队的研究结论平移到跨组织团队中，而本研究的结论将为跨组织团队情境下，分享式领导与创新的关系研究提供实证证据。

其次，我们发现分享式领导是通过知识分享影响团队创新和个人创新的。一方面，这个结论呼应了以往的研究，那就是分享式领导可能会潜在地影响团队层面的结果以及个人层面的行为结果（Liu 等，2014）。另一方面，这个结论也呼应了创新方面的研究。Drazin 等（1999）强调，“团队创新需要个人先积极从事个人层面的创新活动”。顺着这一脉络，许多学者指出，团队创新不仅仅是个人创新的算术平均值，两者是有区别的（Gong 等，2013；Pirola-Merlo 和 Mann，2004）。因此，他们呼吁需要同时研究团队创新和个人创新的作用机理（Gong 等，2013；Pirola-Merlo 和 Mann，2004）。特别的，本研究发现了知识分享是部分中介分享式领导与团队及个人创新的关系。以往研究表明，一些潜在的心理机制和团队运作过程（例如，知识分享）可以中介分享式领导与团队或个人绩效的关系（Nicolaides 等，2014）。因此本章研究结论与以往文献是一致的（Nicolaides 等，2014）。

再次，本研究探索了分享式领导对创新影响过程的情境变量（Ensley 等，2006）。我们的结论表明，任务互依性可以强化分享式领导与知识分享的关系，也可以强化知识分享与团队创新的关系。但是，我们并未发现任务互依性可以调节知识分享与个人创新的关系。这点表明，无论任务互依性高还是低，知识分享对于个人创新来说始终是一个重要的前因变量。同时，也说明相对于知识分享与个人创新的关系，任务互依性对于知识分享与团队创新的关系更是一个重要的情境变量。这是因为相对于知识分享转换成个人创新，知识分享若转换成团队创新，需要经历一个团队整合过程，在这个过程中，团队需要谨慎地讨论团队成员提出的新颖创意、放弃那些看起来无法实践的创意(Shin 等，2012)。这个过程可能会导致团队内认知负担或者弥漫负向情绪(Puck 和 Pregernig，2014)，这些都不利于团队创新。此时，较高的任务互依性会在团队中创造出一种较高水平的工作任务的合作需要，这种合作需要可以很容易地使团队成员有效地利用好团队知识分享，阻碍知识分享在团队整合过程中带来的不利于团队创新的转换因素，从而将知识分享更多地转换成团队创新。

最后，附加分析的结论表明，在跨组织团队内，个人创新是正向影响团队创新的。一个可能的解释是，新颖的创意或者想法更容易在弱关系(例如，遥远的距离、不同的组织文化和不同的工作风格等)中传播交流，而不容易在强关系(亲密的关系、好朋友等)中传播交流(Gumusluoglu 和 Ilsev，2009；Perry-Smith 和 Shalley，2003)。因此，在跨组织团队中，新颖的想法或点子更容易被交流传播，从而有利于产生个人创新和团队创新。

5 中庸思维对个人创新的作用机理

5.1 引言

单个组织往往面临着资源有限、创新能力不足等挑战，因此单个组织会选择与其他组织合作创新的战略，来避免内部创新的时间消耗、对于以往既定流程的路径依赖以及内部创新的风险等（Van Gils，1998；Faems 等，2005；Puranam 等，2006）。合作创新的方式有很多种，如战略联盟、专利授权等，其中，一种有效的合作方式就是合作方组织联合成立跨组织团队（Donati，2013；Wang，1997）。跨组织团队在内部合作或整合合作方组织的资源进行创新时，往往会遭遇一些问题，如合作各方的成员的工作任务该如何安排或设置、合作方提供的各种产品或服务该如何整合或协调等（Faems 等，2005）。因此，关于这些涉及产品、服务、流程等问题，团队成员能否提出一些新颖且实用的创意和想法，对于跨组织团队的创新十分重要。基于此，如何激发跨组织团队内个人创新在实践和理论上都是一个重要问题（Donati，2013）。

以往的文献已经指出，个人创新需要个人有很强的认知努力，有效的沟通技巧和信息处理能力等，如何处理信息将有利于个人解决不同类型的问题（Keyton 等，2008；Donati，2013）。基于此，一些学者强调了个人的认知风格对于个人创新的重要作用（De Stobbeleir 等，

2011; Sagiv 等,2010; Shalley 等,2004; Tierney 等,1999)。认知风格代表了个人收集、储存、转换、应用知识和信息时偏好的方式(Hodgkinson 和 Sadler-Smith, 2003)。特别的,在中国文化中,中庸思维是中国人一种常见的认知风格。吴佳辉和林以正(2005)将中庸思维定义为这样一种认知风格:从多角度思考一个问题,详细地考虑问题的方方面面之后,选择最合宜的决策。特别的,对于跨组织团队来说,由于团队成员来自不同的组织,具有不同的文化背景、工作方式和知识技能等,所以跨组织团队内同时存在着多元观点、文化的冲击。在这样的氛围之下,团队成员并不会仅仅表现出单一的文化行为倾向、观点倾向(Hong 等,2000;吴佳辉和林以正,2005)。于是,文化、观点多样化的跨组织团队中更能提供一个平台,使具有中庸思维的个人会根据不同的情况、视不同的情况要求产生相应的认知,并且将其融合到实践的创新行为中。但是,关于中庸思维对个人创新的作用机理的研究,特别是在跨组织团队情境下的作用机理的研究,还很缺乏。

本章旨在探索团队任务特性会不会影响,以及怎样影响中庸思维与个人创新的关系。创新交互理论(Interactionist perspective of creativity)认为,当工作任务需要与其他团队成员一起高强度的协作时,个人的认知风格就不足以解释个人创新绩效了,因为此时认知风格已经不足以全面地了解和判断整个团队的运作过程,而团队的运作过程对于个人创新的提升又十分关键(Katz-Navon 和 Erez, 2005)。因此,团队的任务特征会影响个人认知风格与创新的关系(Carmeli 和 Paulus,2015; Dul 等,2011)。对于跨组织团队来说,本研究将会特别考察任务互依性对中庸思维与个人创新关系的影响。任务互依性指的是,个人依赖其他团队成员,需要其他团队成员提供支持来完成自己工作的程度(Staples 和 Webster, 2008)。以往的研究指出,任务互依性是影响团队绩效的一个非常重要的团队结构变量(Langfred, 2005; Saavedra 等,1993)。对于跨组织团队来说,工作任务需要细分给合作各方的成员,使合作各方的成员通过完成各自不同的任务从而达到完成团队的任务。此时,任务互依性不仅代表合作各方成员正式的、固定的任务角色，还反映了合作各方成员在相对稳定的工作中相互依赖的关系(Van Der Vegt 和 Van De Vliert, 2005)。以往研究已经揭示了，任务互依性通常不是直接影响绩效，而是调节其他变量对于绩效的影响(Langfred 和 Shanley, 2001)。确实，一些学者也证实了任务互依性可以调节一些变量对团队有效性的影响，而不是直接对团队有效性产生影响(Appleyard 等，2008)。尽管团队的情境因素(例如，任务互依性)可以增强或限制个人认知思维的表达，但关于认知风格和创新的文献，很少研究和探讨团队的情境因素在个人认知风格与创新关系中的调节作用(Sagiv 等，2010)。因此，为了弥补这个不足，本章研究探讨了团队任务互依性对于中庸思维与个人创新的关系的影响。

5.2 理论假设

5.2.1 中庸思维与个人创新

中庸思维代表了个体的一种认知风格，即处理信息的风格。例如，信息怎样被保存、被理解和被使用(Peng 和 Nisbett, 1999)。中庸思维强调从整体的视角去思考问题、观察事物，在不同的对立观点间寻求一种平衡。但是这种平衡，不是简单的折中、妥协，而是在仔细地分析问题的不同对立面、事件不同的冲突观点之后，做出最适宜的决策(杨中芳，2010；Yao 等，2010)。在仔细思考的过程中，具有高水平的中庸思维的个体将能从多个角度将问题或事件考虑、理解得更加深刻(Paletz 和 Peng, 2009)，从而产生对问题全局的新的理解，在这个过程中产生了知识创造，促进了个人创新。陈建勋等(2010)就指出，中庸思维水平较高的个体，往往具有较高的认知能力，面对问题会使用多种参考框架，因此能够较好地整合外在条件与内在需求，从而提高决策质量。综上，不难看出，具有中庸思维的个体能够从不同角度思考问题,整合团队内的冲突观点并以大家满意的方式表达出来(陈建勋等,2010),因此,具有中庸思维的个体同时具有分化(多角度思考)和整合的思维(整合不同观点并以大家满意的方式表达出来),这种思维在思考的过程中,会导致新知识(例如,新的见解、或大家满意的解决方案)的产生。基于上述证据,本章提出下列假设。

H1:中庸思维会显著正向影响个人创新。

5.2.2 任务互依性的调节作用

跨组织团队中合作各方的成员的工作任务往往具有高度的任务互依性(Donati, 2013; Ensley 等,2006)。例如,当来自不同组织的工程师们合作开发新软件时,考虑到合作任务具有高度的复杂性,合作各方的工程师们的知识或工作任务高度相互依赖,一方的工作输出可能是另一方的工作输入。

高水平的任务互依性意味着跨组织团队中合作各方的工作任务需要相互支持、协作的需要较高(Katz-Navon 和 Erez, 2005; Liden 等,2006)。于是,当合作方成员的任务高度互依时,个体就需要从其他合作方组织成员那里获取特定的知识和技能,而不是仅仅依靠自己的力量来完成任务。这就导致了,团队成员会积极地与其他合作方的成员一起合作来完成任务(Langfred, 2000)。因此,高任务互依性会使个体更加重视中庸思维带来的讲究平衡、和谐的思考方式,来促进与合作方成员的任务合作;而这个合作、互动的过程(例如,信息和资源的分享),将有利于个体基于认知产生新颖的想法或创意(Donati, 2013; West 和 Hirst, 2003)。换句话说,高任务互依性会促使个体积极利用中庸思维带来的优势,如寻找大家广泛接受和认同的解决问题的方式,而不是只站在自己的立场上思考问题(Kaufmann, 2003)。基于上述依据,本章提出下列假设。

H2:任务互依性会调节中庸思维与个人创新的关系。当任务互依性越高时,中庸思维与个人创新的关系会越强。

5.2.3 任务互依性与知识分享

任务互依性可能会影响团队运作的过程(包括知识分享)。团队任务互依性越高,意味着团队成员的工作任务联系得更紧密,团队成员合作的必要性也增大了(Kozlowski 等,1999; Van Der Vegt 和 Van De Vliert, 2005)。有文献已经指出,任务互依性给团队带来的最大好处就是增加了团队成员间的相互交流(Han 和 Bai, 2014)。当任务互依性越高时,个体的工作任务需要其他团队成员支持和帮助的程度也越高(Katz-Navon 和 Erez, 2005),因此团队成员间的交流,特别是合作方成员间的交流会变得更加频繁。的确,有文献指出了,任务互依性对于团队成员间的交流有显著正向作用(Gundlach 等 2006)。特别是对于跨组织团队,由于团队的创新任务需要合作各方成员共同做决策,因此任务互依性会导致合作各方成员发生频繁的、大量的交流合作(Langfred, 2005; Guzzo 和 Shea, 1992)。基于上述证据,本章提出以下假设。

H3(a):任务互依性会显著正向影响知识分享。

5.2.4 知识分享的调节作用

首先,知识分享可以给团队成员机会去分享和表达关于工作任务的观点和想法,以及获取完成工作任务所需的技术工具或资源(Donati, 2013)。考虑到高水平的知识分享可以让团队成员自由表达和倾听所有人的观点,因此,团队内高水平的知识分享可以强化个体的内在动机,去审视不同的观点,此时中庸思维更能发挥作用,可以在不同的、甚至对立的观点中寻找到折中的、合宜的方案,以更好地完成创新任务。因此,当个体暴露在不同的想法、观点、知识中时,其被强化的内在动机促使其更可能发挥中庸思维带来的优势。

其次,高水平的知识分享有利于团队成员之间形成相互信任的关系。合作方成员间的信任关系会导致:团队中不同的、甚至对立的观点和想法并不会对任务完成产生负向作用,反而会因为团队成员间的信任关系变得更有利于新颖的、有建设性的问题解决方案的提出

(Rusman 等,2010)。合作方成员之间信任的关系使个体更乐于以合作的方式来完成团队中的合作任务、共同目标(Jhen, 1995)。因此,个体更会利用中庸思维中从整体角度思考问题的方式来解决问题,从而提升创新绩效。综上所述,本章研究提出下列假设。

H3(b):知识分享会调节中庸思维与个人创新的关系。当知识分享程度越高时,中庸思维与个人创新的关系会越强。

5.2.5 中介的调节作用

尽管中介的调节作用有很多种形式,本研究采用的是 Grant 和 Berry(2011)的方法。为了证明知识分享在任务互依性的调节关系中起到中介作用,本研究需要证明三个条件:①一个变量调节自变量到因变量的关系,如本研究假设的任务互依性会调节中庸思维与个人创新的关系(H2)。②这个调节变量会引起一个中介变量,如本研究假设的任务互依性会导致知识分享(H3a)。③这个中介变量会调节自变量与因变量的关系,如本研究假设的知识分享会调节中庸思维与个人创新的关系(H3b)。因此,本研究基于 H2, H3(a)和 H3(b),提出下列假设。

H3(c):知识分享在中介任务互依性对于中庸思维与个人创新的关系的调节中起中介作用。

综合上述所有假设,本章指出概念模型,见图 5.1。

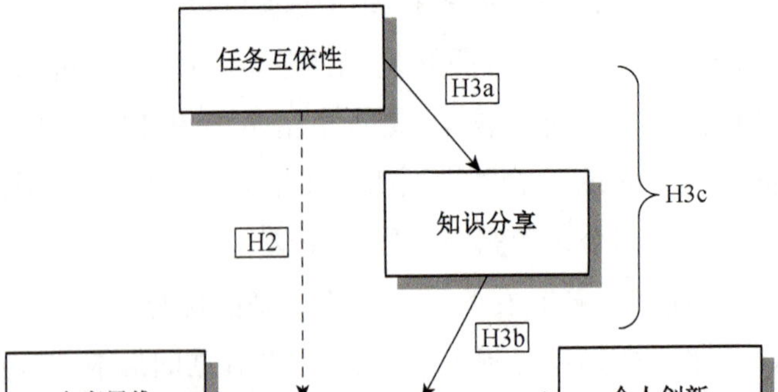

图 5.1 概念模型

5.3 研究设计

5.3.1 研究对象

本章的研究团队与国内一所顶尖的高校合作发放问卷。在合作高校协助下,共向68个跨组织团队发放了问卷。本章研究团队的研究助理亲自去现场,向被选中的跨组织团队解释研究目的,然后向团队管理者发放问卷。问卷包括团队管理者问卷和团队员工问卷。同一个团队的问卷都被装在一个信封里,并且用数字标号,以便后续跟踪研究。团队管理者拿到信封后,由其向团队成员发放问卷。这种由团队管理者向团队成员发放问卷的方式,与以往的研究保持一致(Srivastava等,2006)。

最终,我们回收了54个团队的问卷,回收率为79.4%。这54个团队来自19个公司,所属行业有信息技术、制造业、医疗和科研机构等等。考虑到有的团队问卷的填写有缺失值,且团队成员必须要大于等于3人(Hinds和Mortensen, 2005; Somech等,2009),因此,最终有效问卷涉及49个团队,包括49位团队管理者和245位员工。这49个样本中,团队规模小于等于5人的占4.1%,6~10人的占42.9%,11~15人的占20.4%,16人及以上的占32.6%。团队成立年限为1~6个月的占12.3%,7~12个月的占22.4%,13~36个月的占30.6%,36个月及以上的占34.7%。

5.3.2 研究变量

本章研究中所有变量量表均来源于已有文献,采用李克特五点量表,1表示非常不同意,5表示非常同意。

5.3.2.1 因变量

个人创新。量表由3个题项,来源于Dul等(2011)。员工评价自己提出新点子或新想法的程度。例如,"我能基于团队现有的资源产生有用的想法、方法或成果”。题项的因子载荷为 0.83～0.87，α 值为0.81。

5.3.2.2 自变量

中庸思维。采用吴佳辉和林以正(2005)开发的量表,共 13 个题项。该量表分为 3 个维度,即多方思考、整合性、和谐性。其中,多方思考测量的是从不同角度思考问题的程度。例如,“在意见表决时,我会听取所有的意见”。整合性测评的是个人整合想法的程度。例如,“我会在考虑他人的意见后,调整我原来的想法”。和谐性测量的是以不偏激的方式做决策的程度。例如,“我通常会以委婉的方式表达具有冲突的意见”。中庸思维题项的因子载荷为 0.77～0.85，α 值为 0.76。

知识分享。量表出自 Faraj 和 Sproull(2000),包含 4 个题项。由员工来评价跨组织团队中合作各方成员相互交流知识和信息的程度。例如,“合作各方成员经常讨论专业知识和技能”。题项的因子载荷为 0.71～0.80，α 值为 0.71。

任务互依性。采用 Van Der Vegt 等(2000)开发的量表,共 4 个题项。这些题项主要测量跨组织团队中个人工作需要合作方成员的支持的程度。例如,“我方需要合作方提供信息和建议来帮助我方更好地完成工作”。题项的因子载荷为 0.71～0.78，α 值为 0.73。

控制变量。本研究将个人的性别、年龄和受教育水平作为个人层面的控制变量(Amabile，1988),将团队的规模和成立年限作为团队层面的控制变量(Harrison 等,2002)。

5.3.3 分析策略

以往的文献表明,任务互依性和知识分享属于团队层面的变量(Gavin 和 Hofmann，2002；Gong 等,2013)。我们用组内一致性和组间方差(James 等,1984)检验它们是否能聚合到团队层面。其中,组内一致性由 Rwg 指标来检验,组间方差由 ICC(1)和 ICC(2)来检验。结果显示,任务互依性和知识分享的 ICC(1)分别是 0.31 和 0.30,ICC(2)分别是 0.96 和 0.95。组内一致性的检验结果表明,任务互依性和知识分享的平均 Rwg 得分分别为 0.86 和 0.90。上述结果表明，任务互依性和知识分享的数据可以聚合成团队层面的变量。

5.4 数据分析结果

表 5.1 显示了变量的均值、标准差和相关系数。

表 5.1　均值、标准差和相关系数

变量	均值	标准差	1	2	3	4
个体层面变量						
1. 性别	—	—				
2. 年龄	—	—	0.06			
3. 受教育水平	—	—	0.06	−0.05		
4. 个人创新	4.00	0.48	−0.03	0.07	−0.10	
团队层面变量						
1. 团队规模	—	—				
2. 团队成立年限	—	—	0.19			
3. 知识分享	4.08	0.34	0.05	0.07		
4. 任务互依性	4.06	0.28	−0.08	−0.01	0.45**	

* 表示 $P<0.05$，** 表示 $P<0.01$。

表 5.2　跨层次线性回归模型分析结果

变量	个人创新					
	模型 1	模型 2	模型 3	模型 4	模型 5	模型 6
个人层次						
性别	0.04	0.04	0.05	0.05	0.04	0.05
年龄	0.07	0.08	0.08	0.09	0.11*	0.09
受教育水平	−0.04	−0.04	−0.04	−0.03	−0.02	−0.03
中庸思维	0.61**	0.57**	0.54**	0.54**	0.49**	0.49**

（续表）

变量	个人创新					
	模型 1	模型 2	模型 3	模型 4	模型 5	模型 6
团队层次						
团队规模	−0.01	−0.01	−0.01	−0.01	−0.00	−0.00
团队成立年限	0.06	0.06	0.05	0.04	0.05	0.04
任务互依性		0.14**	0.13*			0.11*
知识分享				0.17**	0.16**	0.14**
跨层次乘积项						
中庸思维×任务互依性			0.12*			0.10
中庸思维×知识分享					0.19**	

* 表示 $P<0.05$，** 表示 $P<0.01$。

表 5.3　　团队层次线性回归分析结果

变量	知识分享	
	模型 1	模型 2
团队规模	−0.03	0.01
团队成立年限	0.17	0.16
任务互依性		0.38**
R^2	0.03	0.18
ΔR^2		0.15
F 值	0.68	3.17*

* 表示 $P<0.05$，** 表示 $P<0.01$。

跨层次线性回归模型的分析结果见表 5.2。在模型 1 中，我们放入了自变量和控制变量。结果显示，中庸思维是正向显著影响团队创新的（$\beta=0.61$，$p<0.01$）。因此，H1 成立。模型 2 和模型 3 中，我们

分别带入任务互依性以及中庸思维与任务互依性的乘积项。结果显示，任务互依性是正向调节中庸思维与个人创新的关系（$\beta=0.12$，$p<0.05$）。基于 Aiken 和 West (1991)，我们画出调节图（见图 5.2）。图 5.2 的结果支持了 H2。当任务互依性低时，中庸思维正向显著影响个人创新（斜率=0.54，$p<0.01$）；当任务互依性高时，中庸思维与个人创新的关系更加显著（斜率=0.75，$p<0.01$）。

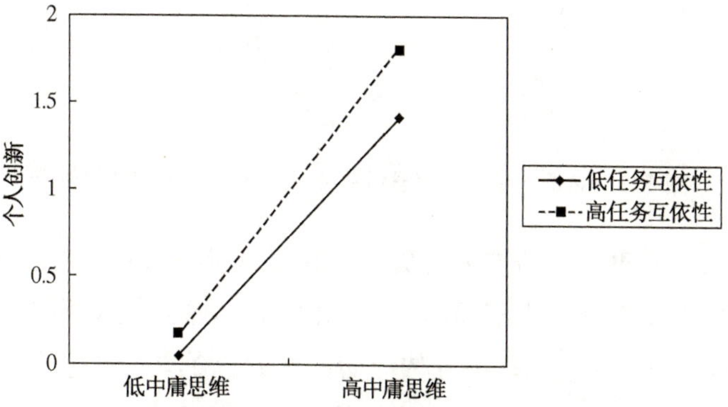

图 5.2 任务互依性与中庸思维的交互作用对个人创新的影响

H3(a)假设团队的任务互依性会正向影响知识分享。分析结果见表 5.3。发现，任务互依性是正向显著影响知识分享的（$\beta=0.38$，$p<0.01$）。R^2的改变程度也是显著的，进一步揭示了其正向影响的显著性（Cohen 和 Cohen，1983），结论支持了 H3(a)。

H3(b)假设了知识分享的调节作用。于是，在表 5.2 的模型 4 和模型 5 中，我们加入了知识分享以及知识分享与中庸思维的乘积项。结果显示，知识分享正向调节中庸思维与个人创新的关系（$\beta=0.19$，$p<0.01$）。正如 Aiken 和 West (1991)推荐的，为了进一步理解调节效应，我们画出当知识分享高或低时，中庸思维与个人创新的斜率（见图 5.3）。图 5.3 的结果与假设 3(b)是一致的，即知识分享强化了中庸思维与个人创新的正向关系。为了加深对调节效应的理解，我们比较了图中两个斜率的显著性。发现，当知识分享低时，中庸思维正向显著影响个人创新（斜率=0.45，$p<0.01$）；当知识分享高时，中庸思维与个

人创新的关系更加显著(斜率=0.86，$p<0.01$)。

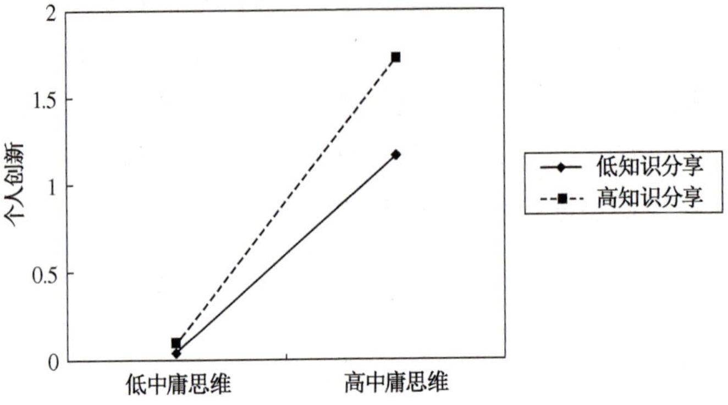

图 5.3 知识分享与中庸思维的交互作用对个人创新的影响

表 5.2 的模型 6 的结果表明，将知识分享代入回归方程之后，任务互依性与中庸思维的乘积项的系数，由 0.12($p<0.05$，模型 3)变小为 0.10(模型 6)。这说明任务互依性对于中庸思维与个人创新关系的调节作用受到知识分享的中介。分析结果支持了 H3(c)。

5.5 结论与讨论

在中国情境下，受儒家文化的影响，中国人在为人处世中往往会以中庸思维作为决策的思维方式(杨中芳，2010)。以往有研究呼吁，在中国情境下研究中庸思维对个体或组织的行为结果的影响，不仅丰富了中国情境的管理理论，而且对于跨文化研究也具有重要意义(陈建勋等，2010)。为了响应文献的呼吁，本章以中国数据为样本，以跨组织团队内决策和意见表达具有多样性的情境为背景，探索了跨组织团队内中庸思维对个人创新的影响。

基于创新交互理论，本章研究探讨了跨组织团队情境下个人的中庸思维与个人创新的关系，以及任务互依性对此关系的调节作用。分析结果与假设保持一致。分析发现，中庸思维会正向显著影响个人创新；任务互依性会通过知识分享的中介作用调节中庸思维与个人创新的关系，任务互依性越高，跨组织团队的知识分享程度越高，此时，中庸思维与个人创新的正向关系会越强。

虽然以往关于中庸思维的研究指出，中庸思维导向的人会强调避免极端，他们会考虑与其他人的社交关系，从而不会极力推行自己的观点（Cheung 等，2003），但是，并不能否认具有中庸思维的人在整合团队中不同观点的时候，不会产生新颖的、有创意的想法和点子。实际上，中庸思维导向的人往往能在不同的观点之间找到最合宜的解决方案（陈建勋等，2010），这个过程可能会有新知识、新想法的产生。但是关于中庸思维与个人创新的关系的研究目前还很缺乏。本章为中庸思维与个人创新的正向关系提供了实证支持；并且指出，跨组织团队的任务互依性会通过知识分享的中介机制，调节中庸思维与个人创新的关系。

6 研究结论与对策建议

本章主要讨论研究结论，总结本书中三个研究的结论的理论贡献以及实践启发，并且梳理本书研究的不足之处，提出未来的研究方向。

6.1 研究结论

6.1.1 团队冲突与团队创新

跨组织团队中一个非常显著的现象是团队冲突，而关于跨组织团队中冲突对创新的作用机理，现有研究还很缺乏（Lynch 等，2014；Zhang 和 Zhang，2013）。因此，第三章探讨了跨组织团队中，冲突对创新的作用机理。具体说来，第三章探讨了两类团队冲突——关系冲突和任务冲突——对团队创新的作用机理。回归分析结果显示，关系冲突会负向影响团队创新；任务冲突与团队创新的关系则是倒 U 型的非线性关系。随后，第三章还基于冲突的情境理论，研究了跨组织团队中分享式领导对冲突与创新关系的调节作用。数据分析结果与假设一致，分享式领导会弱化关系冲突与团队创新的负向关系；同时会强化任务冲突与团队创新的倒 U 型关系。

6.1.2 分享式领导与团队和个人创新

进一步的，为了深刻研究跨组织团队情境下的创新机理，以往研究已经呼吁需要同时研究团队创新和个人创新的作用机理（Gong 等，

2013；Pirola-Merlo 和 Mann，2004）。为了呼应这一号召，第四章实证检验了分享式领导同时对团队创新和个人创新的作用机理。第四章的数据分析结果证实了预期假设，即分享式领导会正向显著影响团队创新及个人创新，并且知识分享在分享式领导与两种创新的关系中起到中介作用。同时，任务互依性会调节分享式领导与知识分享的关系，任务互依性越高，分享式领导与知识分享的关系越强。另外，任务互依性会调节知识分享与团队创新的关系，任务互依性越高，知识分享与团队创新的关系越强。但是，任务互依性对知识分享与个人创新的关系的调节作用并不显著。

6.1.3 中庸思维与个人创新

正如 Drazin 等（1999）强调的，"团队创新需要个人先积极从事个人层面的创新活动"。因此，本研究也探讨了如何提升跨组织团队中的个人创新。特别的，第五章探索了个人的中庸思维对个人创新的影响，以及团队的任务互依性是否以及怎样影响中庸思维与个人创新的关系。第五章的数据分析结果显示，跨组织团队中中庸思维会正向影响个人创新。同时，团队的任务互依性会调节中庸思维与个人创新的关系，当任务互依性高时，中庸思维与个人创新的关系会被加强；进一步的，知识分享对于任务互依性的调节关系起到中介作用。

6.2 理论意义

6.2.1 第三章研究的理论意义

对于冲突研究的理论意义。首先，以往研究表明冲突是跨组织团队中一个重要的研究现象（Coles 等，2003）。但是，关于跨组织合作的研究更多的将冲突看成一个整体的概念，而忽略了不同类型的冲突研究（Panteli 和 Sockalingam，2005；Lengers 等，2013）。例如，

Humphreys 等(2009)指出合作方成员间的冲突是负向影响跨组织合作关系的,并且,相对于合作方成员间的冲突高时,当合作方成员间的冲突低或被很好地管理时,跨组织合作的绩效会明显增大。第三章研究不同于以往跨组织合作的文献,将冲突分解为任务冲突和关系冲突两种类型,分别探讨了两种类型的冲突对跨组织团队创新的影响,因此丰富了跨组织团队情境下冲突对创新的作用机理研究。第三章研究发现的两种不同类型的冲突对团队创新的作用机理不一样,也有利于理解以往研究所困惑的问题,即冲突与创新的关系研究结论不一致(De Dreu 和 Weingart, 2003)。

进一步的,在冲突与创新的关系研究中,很少有文献研究情境变量的作用(Farh 等,2010)。以往研究忽略了关系冲突和任务冲突对创新的关系会依赖于分享式领导。第三章研究揭示了,分享式领导会弱化关系冲突与团队创新的负向关系,会强化任务冲突与团队创新的倒U 型关系。该结论有助于深刻理解冲突与创新的关系中分享式领导的情境作用,因此提供了证据去证明以往的观点,即冲突的影响结果会依赖冲突所处的情境因素(De Dreu 和 Weingart 2003; Farh 等, 2010)。Jehn 和 Bendersky (2003)指出,“情境观点有利于研究冲突的管理策略”。因此,该结论也提供了在跨组织团队情境下,一种合适的冲突管理方法。

对于领导力研究的理论意义。以往的研究已经揭示了分享式领导对于团队合作或团队创新的影响(Davis 和 Eisenhardt, 2011; Muethel 和 Hoegl, 2010)。但是,很少有研究探索分享式领导对于冲突与创新关系的影响。第三章研究的结论揭示了分享式领导会弱化关系冲突与团队创新的负向关系,会强化任务冲突与团队创新的倒 U 型关系。同时,现有关于分享式领导的研究还处于一种初级阶段,因此学者们呼吁要研究不同情境下分享式领导的作用(Pearce 和 Sims Jr, 2000; Park 和 Kwon, 2013)。所以,第三章的研究结论不但有助于理解领导力在冲突与创新关系中的调节作用,而且丰富了跨组织团队情境下分享式领导的研究。

对于跨组织合作研究的理论意义。首先，大部分跨组织合作的研究都聚焦于组织层面的研究，探讨合作方组织的合作关系（Stock 和 Tatikonda, 2008; Lengers 等，2013）。然而，一些学者已经指出，合作方成员的关系会在很大程度上影响跨组织合作的努力（Bailey 和 Koney, 2000）。例如，在跨组织合作的过程中，合作方成员需要在情绪上、性格上、任务目的上互相交流（Gajda, 2004）。这就意味着，跨组织合作中，合作方成员间的人际互动过程很重要（Bailey 和 Koney, 2000）。正如 Zhang 和 Zhang (2013)所说，"跨组织合作的关系很可能会受到合作各方成员的态度影响。更确切地说，当合作各方成员之间有冲突时，他们对待冲突的态度会影响跨组织合作的活动"。与组织层面的跨组织合作研究不同，第三章研究讨论团队层面。具体说来，第三章研究探索了跨组织团队内关系冲突和任务冲突对团队创新的影响。因此，第三章研究丰富了跨组织团队情境下，不同类型的冲突对团队创新的影响研究，以及冲突与分享式领导的交互对团队创新的影响研究。

其次，以往的研究已经指出，相对于传统的单个组织内部团队，跨组织团队面临着更多挑战，如怎样协调合作方的关切点以及建立合作方之间的信任关系等。因此，跨组织团队面临着更复杂的管理（Lawson 等，2009; Rampersad 等，2010）。基于此，跨组织合作领域的研究更多地集中于研究合作方之间的信任、承诺、知识分享等（Davis 和 Eisenhardt, 2011; Humphreys 等，2009）。然而，冲突在跨组织合作中扮演何种角色，目前研究还很缺乏。正如 Nemeth 等（2004）呼吁的，"相对于和谐，冲突可能更是真诚的异议的表达。与主流研究强调和谐、一致等不同，冲突可能是另一个值得研究的方向"。特别的，在创新情境下，考虑到创新过程更容易引发冲突（Song 等，2006），第三章研究强调了冲突对于团队创新的价值。第三章研究为未来的跨组织合作研究提供了研究冲突与其他绩效之间关系的基础。

最后，以往关于跨组织合作的研究都是基于发达国家背景进行的，如北美国家、欧洲国家、日本和韩国（Hagedoorn, 2002）。很少有研究考虑中国情境下的跨组织合作。第三章研究收集的是中国的跨组织团队，因此丰富了以往关于跨组织情境下的冲突和创新的研究。同时，第三章研究的结论还有利于学者比较不同国家情境是否会对冲突与创新的关系产生影响(He 等，2014)。

6.2.2 第四章研究的理论意义

第四章研究有四个方面的理论贡献。首先，第四章研究研究了跨组织团队中的创新机理，从而丰富了跨组织合作创新的研究。以往关于跨组织合作的文献，都是聚焦于组织层面的研究(Faems 等，2005；Stock 和 Tatikonda，2008)。然而，跨组织团队已经成为跨组织合作的一种有效方式，却很少有文献关注跨组织团队的创新机理。通过研究跨组织团队中分享式领导对于创新的作用机理，第四章研究深化了团队层面的跨组织合作和创新方面的研究(Dekker，2004)。

其次，有关分享式领导的文献已经研究了分享式领导对各种结果变量的研究。例如，团队绩效，团队有效性等等(Liu 等，2014；Wang 等，2014)。但是对于跨组织合作创新来说，跨组织团队的创新表现十分重要，而分享式领导又是跨组织团队中一种重要的领导方式，因此，研究分享式领导与跨组织团队的创新关系显得十分必要。但是，目前关于分享式领导与跨组织团队的创新之间关系的研究还很缺乏。本研究为跨组织团队中分享式领导与创新的关系提供了实证证据。同时，现有研究指出，目前关于分享式领导的研究还处于初级阶段，因此一些学者呼吁扩大分享式领导的研究情境和适用范围(Park 和 Kwon，2013)。所以，第四章研究的研究结论有助于理解跨组织团队情境下分享式领导的角色。

再次，以往关于创新的研究主要是单层次研究，如只研究团队层面或个人层面的创新(Shin 和 Zhou，2007；Zhou 和 Shalley，2003)。区别于以往的研究，第四章研究探讨了分享式领导同时对团队创新和个人创新的作用机理，并且发现了分享式领导会正向影响团队创新和个人创新。因此，我们拓展了领导力和创新方面的跨层次研究。另外，基于领导力理论和信息交换视角，我们提出了知识分享对于分享式领导与创新关系的中介作用。顺着以往文献呼吁的领导力在创新中的重要性这一脉络(Lindgren 和 Packendorff, 2011)，第四章研究发现了知识分享可以调节分享式领导与团队和个人创新的关系。这个结论佐证了以往的论点“对于团队成员具有多样性的团队来说，知识分享是个非常重要的团队过程，因为团队目标的达成必须建立在团队成员相互分享知识的前提下”(Srivastava 等,2006)。于是，我们的发现也丰富了领导力作用机理复杂性中的中介机制，从而丰富了领导力方面的研究(Morgeson 等,2010; Pearce 和 Sims Jr, 2000; Pearce 等,2008)。

最后，第四章研究通过检验任务互依性的情境作用丰富了领导力方面的研究。特别的，任务互依性越高，分享式领导与团队创新的关系越强。这一发现很重要，因为这一结论为分享式领导的情境模型的价值提供了证据(Ensley 等,2003; Mihalache 等,2014)。进一步的，我们还发现了分享式领导和任务互依性的交互作用对知识分享也具有重要作用，这一结论支持了一个观点，即若没有任务互依性这一重要情境变量，分享式领导将不会很容易地转换为创新能力。

6.2.3 第五章研究的理论意义

第五章研究主要有三个理论贡献。首先，第五章研究丰富了有关跨组织团队的研究。跨组织团队是跨组织合作创新的一种有效方式(Deeds 和 Rothaermel, 2003; Faems 等,2005)。虽然以往的研究强调为了合作创新的成功，要激发跨组织团队的创新潜能(Wang, 1997; Boughzala 和 Briggs, 2011)。考虑到团队创新的基础是个人创新(Drazin 等,1999)，因此，探索跨组织团队内个人创新的作用机理是个重要的研究问题。但是，如何促进或是什么阻碍了跨组织团队中的个人创新，目前的研究还很缺乏。

其次，第五章的研究丰富了认知风格与个人创新的关系文献。以往的研究强调了认知风格对个人创新的重要影响(De Stobbeleir 等, 2011; Sagiv 等,2010; Tierney 等,1999)。而对于中国文化特征下的中庸思维这一认知风格，很少有研究关注它对个人行为结果（包括创新）的影响。第五章研究发现了跨组织团队内，中庸思维会正向影响个人创新。此结论不但拓展了认知风格对个人行为结果的影响机理研究，而且发现中庸思维是个人创新的前因变量，故也丰富了个人创新前因变量领域的研究。

最后，第五章研究丰富了创新交互理论的应用。创新交互理论的研究已经揭示了，团队的任务特征会影响个人认知风格与创新的关系（Sagiv 等，2010）。对于跨组织团队来说，团队的任务互依性是一个非常重要的任务特征变量（Dekker，2004；Van Der Vegt 和 Van De Vliert，2005）。但是，很少有研究关注任务互依性对认知风格与个人创新关系的影响，特别是在跨组织团队的情境下。第五章研究发现，任务互依性会正向调节中庸思维与个人创新的关系。进一步的，第五章研究还发现，任务互依性会通过知识分享的中介作用，来发挥对中庸思维与个人创新关系的调节作用。因此，第五章研究结论不但拓展了创新交互理论在跨组织团队情境下的应用，而且对于任务互依性的调节作用给出了一个更精细的刻画，有助于加深对任务互依性与中庸思维的交互作用的理解。

6.3 实践意义

6.3.1 第三章研究的实践意义

第三章研究的结论为跨组织团队的管理者提供了一些实践启发。第一，第三章研究的结论证实了跨组织团队中关系冲突会负向影响团队创新，特别是在低分享式领导的情境下。一方面，为了提高跨组织团队创新能力，团队管理者要尽可能减小关系冲突。例如，可以监控和及时制止团队中可能涌现的关系冲突。另一方面，第三章研究暗示了，及时跨组织团队中关系冲突不可避免，团队的分享式领导也可以减轻关系冲突对于团队创新的不利影响。因此，管理者们要促进团队成员多参与领导活动，来促进团队成员间的相互影响和交流。例如，管理者要设法规避任何阻碍合作方成员间知识分享的因素，要鼓励合作方成员参与共同决策、相互建议（Pearce 和 Conger，2003；Wood 和 Fields，2007）。

第二，为了促进跨组织团队的创新能力，团队管理者要维持团队的任务冲突在适度的水平上。例如，为了鼓励适度的任务冲突，管理者要将这种理念传达给员工，设置交流工具和渠道使合作方成员可以表达自己的不同观点（De Clercq 等，2009）。因为实时的面对面交流对于跨组织团队来说，可能显得昂贵并且需要预先计划，所以网络社交媒体（如电子邮件）对于跨组织来说可能是个不错的选择。除此之外，团队管理者还要试图建立信任、员工创新心理安全的团队氛围，鼓舞员工敢于自由表达自己的新颖想法（De Dreu，2006；Farh 等，2010）。但是，管理者需要制止团队中无休止的、过度的任务冲突。例如，管理者要有意识：任务冲突产生的多样的观点，只有经过多数人同意的团队整合，才能整合成团队创新。因此，管理者在实践中要试图帮助整合多样化的观点，而不是放任团队员工为了讨论而不断地提出新颖的观点（Farh 等，2010）。基于此，管理者要向员工传达以解决问题为导向的自由讨论的理念，以此来争取适度的任务冲突，从而获得较高的创新绩效。

进一步的，第三章研究结论表明任务冲突与团队创新的关系不是静态的，跨组织团队的管理者需要考虑分享式领导的作用。当团队中任务冲突低或适度时，管理者需要采取分享式领导的方式，来促进团队获得更好的创新绩效。此时，管理者可以鼓励合作方成员相互领导，进行互动，共同诊断问题，共同做决策（Pearce 和 Conger，2003；Fletcher 和 Käufer，2003）。然而，当任务冲突过多时，提倡分享式领导并不明智。此时，团队管理者需要监控团队中分享式领导的水平。此时，相对于分享式领导，权威式领导可能是一种比较合适的领导方式。

6.3.2 第四章研究的实践意义

第四章研究主要有三个方面的实践意义。首先,跨组织团队经常从事跨组织创新活动,因此明白如何提升跨组织团队的创新潜能对于管理者来说十分重要。第四章研究的结论证明了分享式领导对于提升跨组织团队中团队创新和个人创新很重要。跨组织团队的管理者可以在团队的管理中积极推广分享式领导,如鼓励合作方成员相互交流,共同做决策等,这些实践行为都将有利于提升团队创新和个人创新。

其次,第四章研究的结论证实跨组织团队中分享式领导是通过知识分享这一重要的团队过程来影响团队创新的。为了促进跨组织团队的知识分享,管理者需要注意分享式领导与任务互依性的平衡。当跨组织团队面临较低水平的工作自主性和授权时,管理者需要重新设计任务结构来提高合作方成员间的任务互依性。

最后,第四章研究的结论证实了知识分享与团队创新的关系不是静态的,跨组织团队的管理者需要考虑任务互依性。在团队互依性程度高时,团队管理者需要加强合作方成员间的知识分享。例如,管理者可以尝试一些社交手段来克服合作方成员间的来自不同组织文化的障碍,此时基于网络的IT工具是个不错的选择。除此之外,一些其他的手段也可以很好地促进合作方成员间的知识分享,如每周的电话会议,经常的面对面的交流会议等,通过经常性的会议交流,合作各方的成员会对彼此更加熟悉,也有利于彼此间信任关系的形成。

6.3.3 第五章研究的实践意义

第五章研究的发现可以为中国情境下的跨组织团队管理者提供一些实践启发。首先,跨组织团队的管理者要意识到团队成员的中庸思维对于其创新绩效的提升是有帮助的。因此,管理者可以鼓励和指导员工提高自己的中庸思维水平,如鼓励员工全方位、多角度思考问题,鼓励员工多吸取和整合他人的思考等。

其次，跨组织团队的管理者要意识到中庸思维与个人创新的关系是动态的，会随着团队任务互依性的变化而变化。第五章研究的结论表明，任务互依性会正向调节中庸思维与个人创新的关系。当团队成员的中庸思维水平较低时，管理者需要增强合作方成员间的任务互依性，如在设计团队任务时，让个人的工作任务更多地需要其他合作方成员的支持和协作。进一步的，本研究结论表明，知识分享会影响任务互依性对于中庸思维与个人创新关系的调节作用。因此，跨组织团队管理者需要促进合作方成员间的知识分享。例如，创造一个鼓励合作方成员间相互交流的团队氛围，增强团队成员敢于提出自己观点的心理安全感。另外，在团队的制度设计上，也要注意促进合作方成员间的知识分享。例如，定期举办合作方成员面对面的会议，或者引入基于网络技术的社交媒体，促进合作方成员的互动。

6.4 研究局限和未来研究方向

6.4.1 第三章的研究局限和未来方向

第三章有一些研究局限。第一，第三章研究采用的是截面数据，无法验证变量间的因果关系。实际上，冲突与创新的逻辑关系也可以反过来推理。例如，较高的创新水平，说明该项创新活动在团队内已经得到了广泛的认同和积极反馈，因此暗示了较低水平的团队冲突(Peterson 和 Behfar, 2003; De Clercq 等,2009)。未来研究可以采用纵向研究的方法，在不同时间节点收集数据来推断团队冲突与团队创新的关系。纵向研究能更好地推断变量间的因果关系。

第二，第三章的数据来自 54 个跨组织团队，包括 54 位团队领导者和 276 位团队成员。尽管以往研究已经指出，对于团队研究来说，50 个团队的样本量是合适的(Rapp 等,2013; Li 等,2016)，但是本研究的 54 个团队样本量还是显得略少。另外，这些团队中有 29.6%的团队成员超过 16 人。团队规模大可能会导致潜在的数据缺失。因此,未来研究可以收集更大的团队样本量和不同的团队样本,以便论证和阐明第三章研究结论的意义。

第三,关于任务冲突和关系冲突的相关性,Simons 和 Peterson (2000)指出任务冲突和关系冲突的相关性平均值为 0.47。然而,研究一中任务冲突和关系冲突的相关性为 0.26。尽管任务冲突可以演变为关系冲突,但是,以往研究已经指出,任务冲突是否可以激发深刻的讨论和关系冲突还要依赖于团队属性(Huang, 2010; Van Knippenberg 等, 2004)。有些团队属性(如团队构成)是可以抑制任务冲突向关系冲突演变的(Huang, 2010)。对于跨组织团队来说,来自不同合作方的成员需要整合各自的异质性资源来促成合作创新任务的成功(Drach-Zahavy, 2011)。这种关系氛围有利于来自不同合作方的成员形成共识和团队规范,即大家需要一起合作、促成合作成功(Jones 和 Lichtenstein, 2008)。形成的共识和团队规范使来自不同合作方的成员在讨论时,不太容易因为观点不同而生气或觉得被冒犯,进而抑制了任务冲突向关系冲突演变(Parayitam 等, 2010; Yang 和 Mossholder, 2004)。针对任务冲突和关系冲突的关系,以往研究大多是从研究调节变量入手(Curseu 等,2012),未来研究可以发掘跨组织团队情境下,任务冲突与关系冲突的关系的调节变量。

第四,第三章研究聚焦的大多是成员受教育水平较高的跨组织团队。尽管受教育水平以及受教育水平的多样性在本研究的模型中系数并不显著,但依然衍生出一个新的问题,即“在成员受教育水平较低的跨组织团队中也会有与研究一同样的结论吗?”未来研究可以探讨在跨组织团队中,教育因素(如受教育水平的多样性)是否以及怎样影响团队冲突、分享式领导和团队创新。

第五,第三章研究只探讨了跨组织团队中分享式领导在冲突管理中的作用。未来研究可以探讨一些其他因素在冲突管理中的作用。例如,跨组织团队的治理方式或冲突发生的时机。以往研究已经强调了跨组织合作关系的治理方式的重要性(Jones 和 Lichtenstein, 2008)。

当跨组织团队采用结构型或基于控制的治理方式时，来自不同合作方的成员参与团队活动的积极性会受阻，因为他们觉得自己的观点、想法不被他人关注(Muthusamy 和 White, 2005)。于是，来自不同合作方的成员在参与团队活动时，倾向于隐藏自己的真实想法、对冲突视而不见。反之，当跨组织团队采用关系型或基于信任的治理方式时，来自不同合作方的成员更乐于忽略一些情感上的冲突，不会因为大家观点的不一致而感到被冒犯(Jones 和 Lichtenstein, 2008)。因此，来自不同合作方的成员越相互信任，越会齐心协力努力化解冲突，而不是对冲突视而不见(Parayitam 等,2010)。另外，以往文献指出，跨组织合作项目进行到不同阶段时，冲突问题也会发生相应改变(Chen, 2006)。当跨组织合作项目进行到后期时，若发生任务冲突，此时跨组织团队不太可能改变既定的方案，也不太可能付出更多的资源和时间去整合团队成员的不同观点(Ford 和 Sullivan, 2004; Farh 等,2010)。因此，当跨组织合作项目进行到后期时，即使团队中采取分享式领导，团队成员间的任务冲突也不太容易整合、转化成团队创新。

第六，第三章研究并未准确指出究竟多高水平的任务冲突为适度的任务冲突。未来的研究可以参考 Harrison 和 Klein(2007)的方法，通过团队多样性的分类来理解低度、适度、高度水平的任务冲突。Harrison 和 Klein(2007)指出，当团队成员被两极分化时，完全持对立的两种观点，此时任务冲突最大。当有且仅有一些团队成员并未完全持两种对立观点时，此时团队内的任务冲突可以被称为“适度的”。Harrison 和 Klein(2007)还构建了一个数理指标—标准差—来计算团队内观点的多样性。因此，未来研究可以参考 Harrison 和 Klein(2007)的方法来确定任务冲突的水平。

第七，跨组织团队中两种冲突与创新的关系研究结论与传统的单个组织内冲突与创新的关系研究结论一致。但是，第三章研究未能对跨组织团队和传统的单个组织内团队进行比较研究，去探讨冲突与创新的关系在两种情境下孰强孰弱。例如，任务冲突转换为团队创新，必须要经历知识分享的过程(Hinds 和 Mortensen, 2005)。但是，对于跨组织团队来说，知识分享是很难发生的，因为来自不同组织的成员具有不同的文化背景、经验和工作方式等（Kraut 等，2002）。因此，跨组织团队中任务冲突与创新的关系可能比传统的单个组织内团队中任务冲突与创新的关系要弱。未来研究可以尝试对跨组织团队和传统的单个组织内团队中任务冲突与创新的关系进行比较研究。

最后，第三章研究是在中国收集数据的。回顾任务冲突与关系冲突的相关性，以往西方文献指出它们的相关性为 0.47（Simons 和 Peterson，2000）或者 0.54（De Dreu 和 Weingart，2003），而研究一中两者的相关系数为 0.26。因此，中国情境下对冲突的感知可能与西方不太一样。因此，未来研究需要注意研究一结论的推广性。

6.4.2 第四章的研究局限和未来工作

第四章有一些研究缺陷。第一，第四章度量创新采用了自我测评的方法。以前的文献指出自我测评的创新更接近创新自我效能感而不是真实的创新绩效（Reiter-Palmon 等，2012）。学者们解释其原因是自我测评的创新主要测量的是自我创新的动机而不是真实的创新绩效（Carmeli 等，2014）。但是考虑到创新自我效能感与真实的创新绩效相关系数有 0.68（$p<0.01$）（Mittal 和 Dhar，2015）或 0.57（$p<0.01$）（Simmons 等，2014）。创新自我效能感与真实创新绩效的高相关性表明，自我测评的创新主观偏误并不严重。尽管如此，用自我测评的方法始终无法完全避免主观偏误，因此，未来研究可以采用他评的测量方法，如让团队中同事或者领导评价其他员工的创新。

第二，第四章采用的是截面数据的方法。实际上，创造力强的团队更乐意团队成员多分享知识和信息，从而更推崇分享式领导。因此，从现有截面数据无法推断分享式领导与创新的关系。未来研究可以尝试收集纵向数据的方式来验证跨组织团队中分享式领导与创新的因果关系。

第三，第四章只研究了分享式领导与创新关系中的一种中介机制——知识分享。以往的研究表明，知识分享是知识管理众多过程中的一种(Yang, 2007)。因此,未来研究可以尝试研究其他的知识管理过程,或者其他的团队运作过程,来进一步理解分享式领导对团队或者个人行为结果的影响。

最后,第四章研究的是中国情境下的跨组织团队。因此,研究结论可能不能直接推广到其他国家的情境。未来研究可以收集其他国家跨组织团队的有关数据,进行比较研究。

6.4.3 第五章的研究局限和未来工作

第五章有一些研究局限。第一,第五章只探讨了中庸思维对个人创新的直接效应。以往的研究表明,中庸思维对个人或组织层面的行为结果的影响可能是一个复杂的过程(陈建勋等,2010)。所以,未来研究需要探索中庸思维与个人创新关系中潜在的中介机制。同时,研究三也只研究了团队的任务互依性对中庸思维与个人创新关系的调节作用。未来研究可以探索其他类型的变量(例如,团队文化)对中庸思维的作用过程的影响。

第二,中庸思维是中国文化特征下,中国人常见的一种思维方式。第五章的结论体现的是中国情境下中庸思维与个人创新的关系。未来研究可以从其他国家收集样本,探索第五章的结论是否适用于其他国家情境。

第三,第五章采用的是截面数据。截面数据无法推断研究变量间的因果关系。因此,未来研究可以尝试其他的数据收集方式,如纵向数据。

附录1　合作创新调查问卷（团队领导填写）

尊敬的女士/先生：

您好！感谢您在百忙之中抽出时间参与本问卷调查。本调查主要了解跨组织合作创新的相关情况。本次调研纯属学术研究，我们将对贵企业的数据保密。

中国科学技术大学管理学院

填表说明

1. 本问卷问题答案无对错之分，请您根据实际情况回答，在相应的选项上打钩即可。

2. 本研究中合作创新是指本组织以各种形式与大学、科研机构、政府以及其他企业间进行的创新活动，包括技术咨询服务、研究支持(资助大学进行研究)、成果转化、合作研究等。

3. 本研究中合作创新团队成员指跨组织合作团队成员，包括本组织成员和合作各方成员。以第一个题项为例，"我们合作团队中的各方成员"同时指代来自本组织的成员和其他组织的成员。在填写时我们也要评估来自其他组织的团队成员的实际情况。

4. 问卷第一部分和第二部分调查了跨组织合作创新团队因素和您个人因素。问卷第三部分调查了您的基本信息。本调查不记姓名，调查资料仅用于统计分析。

第一部分　跨组织合作创新团队因素调查

1. 下列各项描述了我们合作团队中的各方成员之间的社会资本，

请在您认为合适的选项上打“√”。

网络联系						
序	我们合作团队中的各方成员……	完全不同意	不同意	不确定	同意	完全同意
1	……与市场和其他团队建立网络联系以便于交流想法和信息	☐	☐	☐	☐	☐
2	……与其他团队展开合作,以便了解市场的需要	☐	☐	☐	☐	☐
3	……与其所在组织其他团队保持联系,以获取新产品的想法和理念	☐	☐	☐	☐	☐
4	……寻求高层管理者资源上的支持(如财务、人力、设备等)	☐	☐	☐	☐	☐
社会互动						
序	我们合作团队中的各方成员……	完全不同意	不同意	不确定	同意	完全同意
1	……通过互动彼此学习	☐	☐	☐	☐	☐
2	……互相讨论以便于解决问题	☐	☐	☐	☐	☐
3	……经常在做任务决策时交换意见和想法	☐	☐	☐	☐	☐
目标						
序	我们合作团队中的各方成员……	完全不同意	不同意	不确定	同意	完全同意
1	……对团队未来成就有共同愿景	☐	☐	☐	☐	☐
2	……对团队发展方向有清晰的把握	☐	☐	☐	☐	☐
3	……对实现团队目标有共同愿景	☐	☐	☐	☐	☐
序	信任	完全不同意	不同意	不确定	同意	完全同意
1	合作创新团队各方成员彼此信任,并鼓励改变	☐	☐	☐	☐	☐
2	合作创新团队氛围支持新想法的产生	☐	☐	☐	☐	☐
3	合作创新团队各方成员愿意尝试新的做事方法	☐	☐	☐	☐	☐

2. 下列各项描述了合作创新团队中团队学习，请在您认为合适的选项上打“√”。

序	合作创新团队……	完全不同意	不同意	不确定	同意	完全同意
1	……成员经常想到一些关于工作的新点子	□	□	□	□	□
2	……内部经常提出完成工作的新方法	□	□	□	□	□
3	……新想法通常会被其他团队借鉴	□	□	□	□	□
4	……成员会公开交流、讨论问题	□	□	□	□	□
5	……每个成员都会参与讨论、表达意见	□	□	□	□	□
6	……成员间的想法交流很频繁	□	□	□	□	□
7	……会仔细记录工作中的问题和工作过程	□	□	□	□	□
8	……有一个规范的制度系统来保存好的想法	□	□	□	□	□
9	……把得到的经验和教训总结成册	□	□	□	□	□

3. 下列各项描述了合作创新团队合作各方的领导方式，请在您认为合适的选项上打“√”。

序	我们合作团队中的各方……	完全不同意	不同意	不确定	同意	完全同意
1	……决策权力不对等	□	□	□	□	□
2	……共同做出影响团队发展的决策	□	□	□	□	□
3	……成员有职位高低，但合作双方都是平等的	□	□	□	□	□
4	……决定对方做什么	□	□	□	□	□
5	……确保团队履行其义务，即使不属于责任范围	□	□	□	□	□
6	……相互评估彼此成绩	□	□	□	□	□
7	……共同为团队设立目标	□	□	□	□	□
8	……都有权利分配和使用资源	□	□	□	□	□
9	……在团队面临问题时，共同决定最好的行动方案	□	□	□	□	□
10	……在团队面临问题时，都可以帮助识别、诊断和解决问题	□	□	□	□	□

4. 下列各项描述了合作创新团队的团队绩效，请在您认为合适的选项上打"√"。

序	题项	完全不同意	不同意	不确定	同意	完全同意
1	我们有高的工作绩效	□	□	□	□	□
2	大部分任务能够快速高效的完成	□	□	□	□	□
3	我们总是设置一个高的任务完成标准	□	□	□	□	□
4	我们总是以高标准完成任务	□	□	□	□	□
5	我们几乎总能完成目标	□	□	□	□	□

5. 下列各项描述了合作创新团队创造性绩效相关情况，请在您认为合适的选项上打"√"。

序	合作创新团队……	完全不同意	不同意	不确定	同意	完全同意
1	……成果富有创新性	□	□	□	□	□
2	……提出很多新点子和新创意	□	□	□	□	□
3	……成果的技术含量很高	□	□	□	□	□
4	……适应变化能力很强	□	□	□	□	□

6. 下列各项描述了合作创新团队与关键竞争对手相比创新绩效情况，请在您认为合适的选项上打"√"。

序	相对于关键的竞争对手……	完全不同意	不同意	不确定	同意	完全同意
1	……我们能更快地提出创新的点子	□	□	□	□	□
2	……我们能更快地进行新方案设计	□	□	□	□	□
3	……我们能更快地进行新方案完善	□	□	□	□	□
4	……我们能更快地行创新活动过程	□	□	□	□	□
5	……我们能更快地的解决出现的问题	□	□	□	□	□
6	……我们能提出更好的创新点子	□	□	□	□	□
7	……我们能设计更好的新方案	□	□	□	□	□
8	……我们能更好地完善新方案	□	□	□	□	□
9	……我们能更好地推进创新活动过程	□	□	□	□	□
10	……我们能更好地完善管理	□	□	□	□	□

7. 下列各项描述了合作创新团队的团队冲突，请在您认为合适的选项上打“√”。

序	关系冲突	完全不同意	不同意	不确定	同意	完全同意
1	合作创新团队成员之间摩擦很多	□	□	□	□	□
2	合作创新团队成员间的冲突有很多是性格冲突	□	□	□	□	□
3	合作创新团队成员之间有关系很紧张	□	□	□	□	□
序	任务冲突	完全不同意	不同意	不确定	同意	完全同意
1	合作创新团队成员对正在进行的工作的有很多不同意见	□	□	□	□	□
2	合作创新团队成员观点冲突的频率很高	□	□	□	□	□
3	合作创新团队成员观点冲突的次数很多	□	□	□	□	□
4	合作创新团队成员意见分歧很大	□	□	□	□	□

8. 下列各项描述了合作创新团队的团队互依性，请在您认为合适的选项上打“√”。

序	任务互依性	完全不同意	不同意	不确定	同意	完全同意
1	我方需要合作方提供信息和建议来帮助我方更好地完成工作	□	□	□	□	□
2	我方工作是独立的，没有必要与合作方进行协调或合作	□	□	□	□	□
3	我方需要与合作方进行合作来完成工作	□	□	□	□	□
4	合作方需要我方提供信息和建议，从而帮助他们更好地完成工作	□	□	□	□	□
5	我方必须要定期与合作方就工作方面的问题进行沟通	□	□	□	□	□
序	结果互依性	完全不同意	不同意	不确定	同意	完全同意
1	我所在的合作创新团队，一方的目标达成有利于其他方目标达成	□	□	□	□	□
2	我所在的合作创新团队，一方有收获意味着其他方也有收获	□	□	□	□	□
3	我所在的合作创新团队，一方成功意味着其他方也获得成功	□	□	□	□	□

9. 下列各项描述了合作创新团队的团队氛围,请在您认为合适的选项上打"√"。

序	创新支持	完全不同意	不同意	不确定	同意	完全同意
1	合作创新团队致力于找到解决问题的新方法	□	□	□	□	□
2	合作创新团队成员在产生新想法的过程中能获得团队的帮助	□	□	□	□	□
3	合作创新团队对革新持开放、积极的态度	□	□	□	□	□
4	合作创新团队成员总是寻找新的视角看待问题	□	□	□	□	□
5	合作创新团队成员愿意花时间寻求并实践新想法	□	□	□	□	□
6	合作创新团队成员互相合作,以促进新想法的产生和实施	□	□	□	□	□
7	合作创新团队成员提供并共享资源以实践新想法	□	□	□	□	□
8	合作创新团队成员会互相帮助以支持新想法的产生和实施	□	□	□	□	□
序	远景目标	完全不同意	不同意	不确定	同意	完全同意
1	我了解合作创新团队的预定目标	□	□	□	□	□
2	我认同合作创新团队的预定目标	□	□	□	□	□
3	合作创新团队的目标有利于组织的发展	□	□	□	□	□
4	合作创新团队目标是切合实际且可达成的	□	□	□	□	□
5	合作创新团队成员致力于团队目标的实现	□	□	□	□	□
序	任务导向	完全不同意	不同意	不确定	同意	完全同意
1	合作创新团队成员互相监督以保证高质量的工作	□	□	□	□	□
2	合作创新团队成员会质疑正在进行的工作	□	□	□	□	□
3	合作创新团队成员会在工作中思考潜在的不足,优化工作结果	□	□	□	□	□
4	合作创新团队成员认为本团队应该达到最高的绩效标准	□	□	□	□	□
5	为成为优秀的团队,合作创新团队设立了明确的绩效考核标准	□	□	□	□	□

序	参与安全	完全不同意	不同意	不确定	同意	完全同意
1	合作创新团队成员认为彼此是一个荣辱与共的整体	□	□	□	□	□
2	合作创新团队成员间彼此理解并认可	□	□	□	□	□
3	即使观点不被认同，合作创新团队成员也会认真倾听	□	□	□	□	□
4	合作创新团队中的每个人都努力与他人共享信息	□	□	□	□	□
5	合作创新团队成员间相互付出，并从中取得收获	□	□	□	□	□

第二部分　个人因素调查

10. 下列各项描述了您个人与不同组织文化背景人交往时的文化思维的情况，请在您认为合适的选项上打“√”。

序	文化思维	完全不同意	不同意	不确定	同意	完全同意
1	我知道在不同的组织中要使用不同的组织文化知识	□	□	□	□	□
2	我能够意识到不同组织文化中文化习惯的差异	□	□	□	□	□
3	我会预先了解合作各方的组织文化	□	□	□	□	□
4	我能判断不同类型组织文化之间的差异	□	□	□	□	□
5	我能感知到对方组织的文化特征	□	□	□	□	□
序	认知思维	完全不同意	不同意	不确定	同意	完全同意
1	我了解合作方的办事风格	□	□	□	□	□
2	我了解合作方的工作流程	□	□	□	□	□
3	我了解合作方的目标和价值观	□	□	□	□	□
4	我了解合作方的规章制度体系	□	□	□	□	□
5	我了解合作方的忌讳问题	□	□	□	□	□

序	合作意愿	完全不同意	不同意	不确定	同意	完全同意
1	我享受和不同组织文化背景的人交往所带来的乐趣	□	□	□	□	□
2	当我和其他组织的人合作时,我愿意与对方进行沟通	□	□	□	□	□
3	我乐于积极参与和其他组织的合作	□	□	□	□	□
4	当我和其他组织合作时,我愿意学习对方组织的文化	□	□	□	□	□
5	我有兴趣去主动了解不同组织文化之间的差异	□	□	□	□	□
序	行为方式	完全不同意	不同意	不确定	同意	完全同意
1	我会改变我的语言行为(用词、语音、语调等)以适应合作各方	□	□	□	□	□
2	我会改变自己的非语言行为以适应合作各方	□	□	□	□	□
3	我会根据需要调整自己的面部表情	□	□	□	□	□
4	为了适应不同的组织文化,我会调整我的着装风格	□	□	□	□	□
5	在和不同组织文化的成员交流时,我会调整原有的沟通交流方式	□	□	□	□	□

11. 下列各项描述了您个人的创造力的情况,请在您认为合适的选项上打"√"。

序	创造力	完全不同意	不同意	不确定	同意	完全同意
1	我能提出独特的并对组织非常实用的想法、方法或成果	□	□	□	□	□
2	我能基于团队现有的资源产生有用的想法、方法或成果	□	□	□	□	□
3	我能提出原创并有用的想法、方法或成果	□	□	□	□	□

12. 下列各项描述了您个人的思维方式，请在您认为合适的选项上打“√”。

序	思维方式	完全不同意	不同意	不确定	同意	完全同意
1	意见讨论时，我会兼顾与我观点不同的意见	□	□	□	□	□
2	我习惯从多角度来思考同一件事情	□	□	□	□	□
3	在意见表决时，我会听取所有的意见	□	□	□	□	□
4	做决定时，我会考虑各种可能的状况	□	□	□	□	□
序	意见整合	完全不同意	不同意	不确定	同意	完全同意
1	我会试着在意见不统一的场合中，找出让大家都能够接受的意见	□	□	□	□	□
2	我会试着在自己与他人的意见中，找到一个平衡点	□	□	□	□	□
3	我会在考虑他人的意见后，调整我原来的想法	□	□	□	□	□
4	我期待在讨论的过程中，能够获得具有共识的结论	□	□	□	□	□
5	我会试着将自己的意见融入他人的想法中	□	□	□	□	□
序	和谐思考	完全不同意	不同意	不确定	同意	完全同意
1	我通常会以委婉的方式表达具有冲突的意见	□	□	□	□	□
2	做决定时，我试着以和谐的方式让少数人接受多数人的意见	□	□	□	□	□
3	我在做决定时，通常会考虑整体气氛的和谐性	□	□	□	□	□
4	做决定时，我通常会为了顾及整体和谐，而调整自己的表达方式	□	□	□	□	□

第三部分 基本信息

1. 性别:□男 □女
2. 年龄:□20岁以下 □21～30岁 □31～40岁 □41～50岁 □51岁以上
3. 文化程度:□专科以下 □专科 □本科 □硕士及以上
4. 主要职责:□生产 □研发 □营销 □行政后勤(行政、财务、人事等)
5. 在合作创新团队工作时间:□少于3个月 □3个月到半年 □半年以上到1年 □1年以上到3年 □3年以上
6. 合作创新团队规模:□5人以下 □5～10人 □11～15人 □16人及以上
7. 合作创新团队已存在时间:□少于3个月 □3个月到半年 □半年以上到1年 □1年以上到3年 □3年以上
8. 合作创新团队预计存在时间:□少于2年 □2年及以上
9. 合作创新团队是否有政府支持:□有 □没有
10. 合作创新团队已经取得成果,
    从内容上看属于:□技术创新 □管理创新 □商业模式创新 □无
    从自主性看属于:□自主创新 □模仿创新 □无
    从突破性看属于:□突破式创新 □渐进式创新 □无

调查到此结束,衷心感谢您的支持!

附录2　合作创新调查问卷（团队成员填写）

尊敬的女士/先生：

您好！感谢您在百忙之中抽出时间参与本问卷调查。本调查主要了解跨组织合作创新的相关情况。本次调研纯属学术研究，我们将对贵企业的数据保密。

中国科学技术大学管理学院

填表说明

1. 本问卷问题答案无对错之分，请您根据实际情况回答，在相应的选项上打钩即可。

2. 本研究中合作创新是指本组织以各种形式与大学、科研机构、政府以及其他企业间进行的创新活动，包括技术咨询服务、研究支持（资助大学进行研究）、成果转化、合作研究等等。

3. 本研究中合作创新团队成员指跨组织合作团队成员，包括本组织成员和合作各方成员。以第一个题项为例，"我们合作团队中的各方成员"同时指代来自本组织的成员和其他组织的成员。在填写时我们也要评估来自其他组织的团队成员的实际情况。

4. 问卷第一部分和第二部分调查了跨组织合作创新团队因素和您个人因素。问卷第三部分调查了您的基本信息。本调查不记姓名，调查资料仅用于统计分析。

第一部分　跨组织合作创新团队因素调查

1. 下列各项描述了我们合作团队中的各方成员之间的社会资本，

请在您认为合适的选项上打"√"。

网络联系						
序	我们合作团队中的各方成员……	完全不同意	不同意	不确定	同意	完全同意
1	……与市场和其他团队建立网络联系以便于交流想法和信息	□	□	□	□	□
2	……与其他团队展开合作，以便了解市场的需要	□	□	□	□	□
3	……与其所在组织其他团队保持联系，以获取新产品的想法和理念	□	□	□	□	□
4	……寻求高层管理者资源上的支持（如财务、人力、设备等）	□	□	□	□	□
社会互动						
序	我们合作团队中的各方成员……	完全不同意	不同意	不确定	同意	完全同意
1	……通过互动彼此学习	□	□	□	□	□
2	……互相讨论以便于解决问题	□	□	□	□	□
3	……经常在做任务决策时交换意见和想法	□	□	□	□	□
目标						
序	我们合作团队中的各方成员……	完全不同意	不同意	不确定	同意	完全同意
1	……对团队未来成就有共同愿景	□	□	□	□	□
2	……对团队发展方向有清晰的把握	□	□	□	□	□
3	……对实现团队目标有共同愿景	□	□	□	□	□
序	信任	完全不同意	不同意	不确定	同意	完全同意
1	我们合作团队中的各方成员彼此信任，并鼓励改变	□	□	□	□	□
2	合作创新团队氛围支持新想法的产生	□	□	□	□	□
3	我们合作团队中的各方成员愿意尝试新的做事方法	□	□	□	□	□

2. 下列各项描述了合作创新团队中团队学习，请在您认为合适的选项上打“√”。

序	合作创新团队……	完全不同意	不同意	不确定	同意	完全同意
1	……成员经常想到一些关于工作的新点子	□	□	□	□	□
2	……内部经常提出完成工作的新方法	□	□	□	□	□
3	……新想法通常会被其他团队借鉴	□	□	□	□	□
4	……成员会公开交流、讨论问题	□	□	□	□	□
5	……每个成员都会参与讨论、表达意见	□	□	□	□	□
6	……成员间的想法交流很频繁	□	□	□	□	□
7	……会仔细记录工作中的问题和工作过程	□	□	□	□	□
8	……有一个规范的制度系统来保存好的想法	□	□	□	□	□
9	……把得到的经验和教训总结成册	□	□	□	□	□

3. 下列各项描述了合作创新团队合作各方的领导方式，请在您认为合适的选项上打“√”。

序	我们合作团队中的各方成员……	完全不同意	不同意	不确定	同意	完全同意
1	……决策权力不对等	□	□	□	□	□
2	……共同做出影响团队发展的决策	□	□	□	□	□
3	……成员有职位高低，但合作双方都是平等的	□	□	□	□	□
4	……决定对方做什么	□	□	□	□	□
5	……确保团队履行其义务，即使不属于责任范围	□	□	□	□	□
6	……相互评估彼此成绩	□	□	□	□	□
7	……共同为团队设立目标	□	□	□	□	□
8	……都有权利分配和使用资源	□	□	□	□	□
9	……在团队面临问题时，共同决定最好的行动方案	□	□	□	□	□
10	……在团队面临问题时，都可以帮助识别、诊断和解决问题	□	□	□	□	□

4. 下列各项描述了合作创新团队的团队创造力，请在您认为合适的选项上打“√”。

序	团队创造力	完全不同意	不同意	不确定	同意	完全同意
1	合作创新团队的工作富有原创性	□	□	□	□	□
2	合作创团队经常提出新点子	□	□	□	□	□
3	合作创团队经常创造性地解决问题	□	□	□	□	□
4	合作创团队经常运用新的方式完成任务	□	□	□	□	□
5	合作创团队拓展了自己专业领域内的知识或技术	□	□	□	□	□
6	合作创团队经常提出富有原创性的方法	□	□	□	□	□
7	合作创团队经常从不同角度重新审视问题，进而得到全新的看法	□	□	□	□	□
8	合作创团队能创造性地将不同的零散信息和知识整合，进而提出新概念或解决独一无二的问题	□	□	□	□	□

5. 下列各项描述了合作创新团队创造性绩效相关情况，请在您认为合适的选项上打“√”。

序	合作创新团队……	完全不同意	不同意	不确定	同意	完全同意
1	……成果富有创新性	□	□	□	□	□
2	……提出很多新点子和新创意	□	□	□	□	□
3	……成果的技术含量很高	□	□	□	□	□
4	……适应变化能力很强	□	□	□	□	□

6. 下列各项描述了合作创新团队与关键竞争对手相比创新绩效情况，请在您认为合适的选项上打“√”。

序	相对于关键的竞争对手……	完全不同意	不同意	不确定	同意	完全同意
1	……我们能更快地提出创新的点子	□	□	□	□	□
2	……我们能更快地进行新方案设计	□	□	□	□	□
3	……我们能更快地进行新方案完善	□	□	□	□	□
4	……我们能更快地行创新活动过程	□	□	□	□	□
5	……我们能更快地的解决出现的问题	□	□	□	□	□
6	……我们能提出更好的创新点子	□	□	□	□	□
7	……我们能设计更好的新方案	□	□	□	□	□
8	……我们能更好地完善新方案	□	□	□	□	□
9	……我们能更好地推进创新活动过程	□	□	□	□	□
10	……我们能更好地完善管理	□	□	□	□	□

7. 下列各项描述了合作创新团队的团队冲突，请在您认为合适的选项上打“√”。

序	关系冲突	完全不同意	不同意	不确定	同意	完全同意
1	合作创新团队成员之间摩擦很多	□	□	□	□	□
2	合作创新团队成员间的冲突有很多是性格冲突	□	□	□	□	□
3	合作创新团队成员之间有关系很紧张	□	□	□	□	□
	任务冲突	完全不同意	不同意	不确定	同意	完全同意
1	合作创新团队成员对正在进行的工作有很多不同意见	□	□	□	□	□
2	合作创新团队成员观点冲突的频率很高	□	□	□	□	□
3	合作创新团队成员观点冲突的次数很多	□	□	□	□	□
4	合作创新团队成员意见分歧很大	□	□	□	□	□

8. 下列各项描述了合作创新团队的团队互依性，请在您认为合适的选项上打“√”。

序	任务互依性	完全不同意	不同意	不确定	同意	完全同意
1	我方需要合作方提供信息和建议来帮助我方更好地完成工作	□	□	□	□	□
2	我方工作是独立的,没有必要与合作方进行协调或合作	□	□	□	□	□
3	我方需要与合作方进行合作来完成工作	□	□	□	□	□
4	合作方需要我方提供信息和建议,从而帮助他们更好地完成工作	□	□	□	□	□
5	我方必须要定期与合作方就工作方面的问题进行沟通	□	□	□	□	□
序	结果互依性	完全不同意	不同意	不确定	同意	完全同意
1	我所在的合作创新团队,一方的目标达成有利于其他方目标达成	□	□	□	□	□
2	我所在的合作创新团队,一方有收获意味着其他方也有收获	□	□	□	□	□
3	我所在的合作创新团队,一方成功意味着其他方也获得成功	□	□	□	□	□

9. 下列各项描述了合作创新团队的团队氛围,请在您认为合适的选项上打“√”。

序	创新支持	完全不同意	不同意	不确定	同意	完全同意
1	合作创新团队致力于找到解决问题的新方法	□	□	□	□	□
2	合作创新团队成员在产生新想法的过程中能获得团队的帮助	□	□	□	□	□
3	合作创新团队对革新持开放、积极的态度	□	□	□	□	□
4	合作创新团队成员总是寻找新的视角看待问题	□	□	□	□	□
5	合作创新团队成员愿意花时间寻求并实践新想法	□	□	□	□	□
6	合作创新团队成员互相合作,以促进新想法的产生和实施	□	□	□	□	□
7	合作创新团队成员提供并共享资源以实践新想法	□	□	□	□	□
8	合作创新团队成员会互相帮助以支持新想法的产生和实施	□	□	□	□	□

序	远景目标	完全不同意	不同意	不确定	同意	完全同意
1	我了解合作创新团队的预定目标	□	□	□	□	□
2	我认同合作创新团队的预定目标	□	□	□	□	□
3	合作创新团队的目标有利于组织的发展	□	□	□	□	□
4	合作创新团队目标是切合实际且可达成的	□	□	□	□	□
5	合作创新团队成员致力于团队目标的实现	□	□	□	□	□
序	任务导向	完全不同意	不同意	不确定	同意	完全同意
1	合作创新团队成员互相监督以保证高质量的工作	□	□	□	□	□
2	合作创新团队成员会质疑正在进行的工作	□	□	□	□	□
3	合作创新团队成员会在工作中思考潜在的不足,优化工作结果	□	□	□	□	□
4	合作创新团队成员认为本团队应该达到最高的绩效标准	□	□	□	□	□
5	为成为优秀的团队,合作创新团队设立了明确的绩效考核标准	□	□	□	□	□
序	参与安全	完全不同意	不同意	不确定	同意	完全同意
1	合作创新团队成员认为彼此是一个荣辱与共的整体	□	□	□	□	□
2	合作创新团队成员间彼此理解并认可	□	□	□	□	□
3	即使观点不被认同,合作创新团队成员也会认真倾听	□	□	□	□	□
4	合作创新团队中的每个人都努力与他人共享信息	□	□	□	□	□
5	合作创新团队成员间相互付出,并从中取得收获	□	□	□	□	□

第二部分 个人因素调查

10. 下列各项描述了您个人与不同组织文化背景人交往时的文化思维的情况,请在您认为合适的选项上打“√”。

序	文化思维	完全不同意	不同意	不确定	同意	完全同意
1	我知道在不同的组织中要使用不同的组织文化知识	□	□	□	□	□
2	我能够意识到不同组织文化中文化习惯的差异	□	□	□	□	□
3	我会预先了解合作各方的组织文化	□	□	□	□	□
4	我能判断不同类型组织文化之间的差异	□	□	□	□	□
5	我能感知到对方组织的文化特征	□	□	□	□	□
序	认知思维	完全不同意	不同意	不确定	同意	完全同意
1	我了解合作方的办事风格	□	□	□	□	□
2	我了解合作方的工作流程	□	□	□	□	□
3	我了解合作方的目标和价值观	□	□	□	□	□
4	我了解合作方的规章制度体系	□	□	□	□	□
5	我了解合作方的忌讳问题	□	□	□	□	□
序	合作意愿	完全不同意	不同意	不确定	同意	完全同意
1	我享受和不同组织文化背景的人交往所带来的乐趣	□	□	□	□	□
2	当我和其他组织的人合作时,我愿意与对方进行沟通	□	□	□	□	□
3	我乐于积极参与和其他组织的合作	□	□	□	□	□
4	当我和其他组织合作时,我愿意学习对方组织的文化	□	□	□	□	□
5	我有兴趣去主动了解不同组织文化之间的差异	□	□	□	□	□

序	行为方式	完全不同意	不同意	不确定	同意	完全同意
1	我会改变我的语言行为(用词、语音、语调等)以适应合作各方	□	□	□	□	□
2	我会改变自己的非语言行为以适应合作各方	□	□	□	□	□
3	我会根据需要调整自己的面部表情	□	□	□	□	□
4	为了适应不同的组织文化,我会调整我的着装风格	□	□	□	□	□
5	在和不同组织文化的成员交流时,我会调整原有的沟通交流方式	□	□	□	□	□

11. 下列各项描述了您个人的创造力的情况,请在您认为合适的选项上打"√"。

序	创造力	完全不同意	不同意	不确定	同意	完全同意
1	我能提出独特的并对组织非常实用的想法、方法或成果	□	□	□	□	□
2	我能基于团队现有的资源产生有用的想法、方法或成果	□	□	□	□	□
3	我能提出原创并有用的想法、方法或成果	□	□	□	□	□

12. 下列各项描述了您个人的思维方式,请在您认为合适的选项上打"√"。

序	思维方式	完全不同意	不同意	不确定	同意	完全同意
1	意见讨论时,我会兼顾与我观点不同的意见	□	□	□	□	□
2	我习惯从多角度来思考同一件事情	□	□	□	□	□
3	在意见表决时,我会听取所有的意见	□	□	□	□	□
4	做决定时,我会考虑各种可能的状况	□	□	□	□	□

序	意见整合	完全不同意	不同意	不确定	同意	完全同意
1	我会试着在意见不统一的场合中,找出让大家都能够接受的意见	□	□	□	□	□
2	我会试着在自己与他人的意见中,找到一个平衡点	□	□	□	□	□
3	我会在考虑他人的意见后,调整我原来的想法	□	□	□	□	□
4	我期待在讨论的过程中,能够获得具有共识的结论	□	□	□	□	□
5	我会试着将自己的意见融入他人的想法中	□	□	□	□	□
序	和谐思考	完全不同意	不同意	不确定	同意	完全同意
1	我通常会以委婉的方式表达具有冲突的意见	□	□	□	□	□
2	做决定时,我试着以和谐的方式让少数人接受多数人的意见	□	□	□	□	□
3	我在做决定时,通常会考虑整体气氛的和谐性	□	□	□	□	□
4	做决定时,我通常会为了顾及整体和谐,而调整自己的表达方式	□	□	□	□	□

第三部分 基本信息

11. 性别:□男 □女
12. 年龄:□20 岁以下 □21～30 岁 □31～40 岁 □41～50 岁 □51 岁以上
13. 文化程度:□专科以下 □专科 □本科 □硕士及以上
14. 主要职责:□生产 □研发 □营销 □行政后勤(行政、财务、人事等)
15. 在合作创新团队工作时间:□少于 3 个月 □3 个月到半年 □半年以上到 1 年 □1 年以上到 3 年 □3 年以上

调查到此结束,衷心感谢您的支持!

参考文献

陈建勋,凌媛媛,刘松博. 2010. 领导者中庸思维与组织绩效:作用机制与情境条件研究[J]. 南开管理评论,13(2):132-141.

卿涛,刘崇瑞. 2014. 主动性人格与员工建言行为:领导—成员交换与中庸思维的作用[J]. 四川大学学报(哲学社会科学版),(1):127-134.

吴佳辉,林以正. 2005. 中庸思维量表的编制[J]. 本土心理学研究,(24):247-300.

杨中芳. 2009. 传统文化与社会科学结合之实例:中庸的社会心理学研究[J]. 中国人民大学学报,(3):53-60.

杨中芳. 2010. 中庸实践思维体系探研的初步进展[J]. 本土心理学研究,(34):3-165.

AIKEN L S, WEST S G. 1991. Multiple regression: Testing and interpreting interactions [M]. Newbury Park, CA: Sage Publications.

AL-ANI B, HORSPOOL A, BLIGH M C. 2011. Collaborating with 'virtual strangers': Towards developing a framework for leadership in distributed teams [J]. Leadership, 7(3): 219-249.

AMABILE T M. 1988. A model of creativity and innovation in organizations [J]. Research in organizational behavior, 10(1): 123-167.

AMASON A C. 1996. Distinguishing the effects of functional and dysfunctional conflict on strategic decision making: Resolving a paradox for top management teams [J]. Academy of Management Journal, 39(1): 123-148.

ANDERSON N, DE DREU C K W, NIJSTAD B A. 2004. The routinization of innovation research: A constructively critical review of the state-of-the-science [J]. Journal of Organizational Behavior, 25(2): 147-173.

APPLEYARD M M, LYBECKER K M, WANG C Y. 2008. Managing Across Boundaries: Introduction to the Special Issue [J]. Managerial and Decision

Economics, 29(5): 383-388.

AUBÉ C, ROUSSEAU V. 2005. Team Goal Commitment and Team Effectiveness: The Role of Task Interdependence and Supportive Behaviors [J]. Group Dynamics: Theory, Research, and Practice, 9(3): 189-204.

AXTELL C M, HOLMAN D J, UNSWORTH K L, WALL T D, WATERSON P E, HARRINGTON E. 2000. Shopfloor innovation: Facilitating the suggestion and implementation of ideas [J]. Journal of Occupational and Organizational Psychology, 73(3): 265-285.

AYOKO O B, CALLAN V J. 2010. Teams' reactions to conflict and teams' task and social outcomes: The moderating role of transformational and emotional leadership [J]. European Management Journal, 28(3): 220-235.

AYOKO O B, HÄRTEL C E J. 2006. Cultural diversity and leadership: a conceptual model of leader intervention in conflict events in culturally heterogeneous workgroups [J]. Cross Cultural Management, 13(4): 345-360.

BAGOZZI R P, YI Y. 1988. On the evaluation of structural equation models [J]. Journal of the Academy of Marketing Science, 16(1): 74-94.

BAGOZZI R P, YI Y, PHILLIPS L W. 1991. Assessing construct validity in organizational research [J]. Administrative Science Quarterly, 36(3): 421-458.

BADKE-SCHAUB P, GOLDSCHMIDT G, MEIJER M. 2010. How Does Cognitive Conflict in Design Teams Support the Development of Creative Ideas? [J]. Creativity and Innovation Management, 19(2): 119-133.

BAILEY D, KONEY K M. 2000. Strategic Alliances among Health and Human Service Organizations: From affiliations to consolidations [M]. Thousand Oaks: Sage Publications.

BARCLAY D W. 1991. Interdepartmental Conflict in Organizational Buying: The Impact of the Organizational Context [J]. Journal of Marketing Research, 28(2): 145-159.

BARON R A, TANG J. (2011). The role of entrepreneurs in firm-level innovation: Joint effects of positive affect, creativity, and environmental dynamism [J]. Journal of Business Venturing, 26(1): 49-60.

BAYERL P S, LAUCHE K. 2010. Technology Effects in Distributed Team Coordination—High-Interdependency Tasksin Offshore Oil Production [J].

Computer Supported Cooperative Work, 19(2):139-173.

BLIGH M C, PEARCE C L, KOHLES J C. 2006. The importance of self-and shared leadership in team based knowledge work: A meso-level model of leadership dynamics [J]. Journal of Managerial Psychology, 21(4): 296-318.

BORYS B, JEMISON D B. 1989. Hybrid arrangements as strategic alliances: theoretical issues in organizational combinations [J]. Academy of Management Review, 14(2): 234-249.

BOUGHZALA I, BRIGGS R O. 2011. Knowledge sharability in cross-organizational collaboration: an exploratory field study [C]. 44th Hawaii International Conference on System Sciences, IEEE Computer Society, Kauai, Hawaii: 4-7.

BRISLIN R W. 1986. The wording and translation of research instruments. In W. J. Lonner & J. W. Berry(Eds.), Field methods in cross-cultural research [M]. Beverly Hills, CA: Sage Publications: 137-164.

BROWN J R, DAY R L. 1981. Measures of manifest conflict in distribution channels [J]. Journal of Marketing Research, 18: 263-274.

BSTIELER L, HEMMERT M. 2010. Increasing Learning and Time Efficiency in Interorganizational New Product Development Teams [J]. Journal of Product Innovation Management, 27(4): 485-499.

CANARY D J, SPITZBERG B H. 1989. A model of the perceived competence of conflict strategies [J]. Human Communication Research, 15(4): 630-649.

CARMELI A, MCKAY A S, KAUFMAN J C. 2014. Emotional Intelligence and Creativity: The Mediating Role of Generosity and Vigor [J]. The Journal of Creative Behavior, 48(4): 290-309.

CARMELI A, PAULUS P B. 2015. CEO Ideational Facilitation Leadership and Team Creativity: The Mediating Role of Knowledge Sharing [J]. The Journal of Creative Behavior, 49(1): 53-75.

CARNEVALE P J, PROBST T M. 1998. Social values and social conflict in creative problem solving and categorization [J]. Journal of Personality and Social Psychology, 74(5): 1300-1309.

CARSON J B, TESLUK P E, MARRONE J A. 2007. Shared leadership in teams: An investigation of antecedent conditions and performance [J]. Academy of Management Journal, 50(5): 1217-1234.

CHAN D. 1998. Functional relations among constructs in the same content domain at different levels of analysis: A typology of composition models [J]. Journal of Applied Psychology, 83(2): 234-246.

CHEN M H. 2006. Understanding the Benefits and Detriments of Conflict on Team Creativity Process [J]. Creativity and Innovation Management, 15(1): 105-116.

CHEUNG T S, CHAN H M, CHAN K M, KING A Y C, CHIU C Y, YANG C F. 2003. On Zhongyong rationality: The Confucian doctrine of the mean as a missing link between instrumental rationality and communicative rationality [J]. Asian Journal of Social Science, 31(1): 107-127.

CHOI J N. 2004. Individual and contextual predictors of creative performance: The mediating role of psychological processes [J]. Creativity Research Journal, 16(2-3): 187-199.

CHOU L F, CHU C C, YEH H C, CHEN J S. 2014. Work stress and employee well-being: The critical role of Zhong-Yong [J]. Asian Journal of Social Psychology, 17(2): 115-127.

CHUA R Y J. 2013. The costs of ambient cultural disharmony: Indirect intercultural conflicts in social environment undermine creativity [J]. Academy of Management Journal, 56(6): 1545-1577.

CHUANG A, JUDGE T A, LIAW Y J. 2012. Transformational leadership and customer service: A moderated mediation model of negative affectivity and emotion regulation [J]. European Journal of Work and Organizational Psychology, 21(1): 28-56.

COHEN J, COHEN P. 1983. Applied multiple regression/correlation analysis for the behavioral sciences(2nd ed.) [M]. Hillsdale, NJ: Erlbaum.

COHEN J, COHEN P, WEST S G, AIKEN L S. 2003. Applied multiple regression/correlation analysis for the behavioral sciences [M]. Mahwah, NJ: Erlbaum.

COLES A M, HARRIS L, DICKSON K. 2003. Testing goodwill: conflict and cooperation in new product development networks [J]. International Journal of Technology Management, 25(1/2):51-64.

CURSEU P L, BOROS S, OERLEMANS L A. 2012. Task and relationship conflict in short-term and long-term groups: the critical role of emotion regulation [J]. International Journal of Conflict Management, 23(1): 97-107.

DAVIS J P, EISENHARDT K M. 2011. Rotating Leadership and Collaborative Innovation Recombination Processes in Symbiotic Relationships [J]. Administrative Science Quarterly, 56(2): 159-201.

DAY D V, GRONN P, SALAS E. 2004. Leadership capacityin teams [J]. The Leadership Quarterly, 15(6): 857-880.

DAY D V, GRONN P, SALAS E. 2006. Leadership in team-based organizations: On the threshold of a new era [J]. The Leadership Quarterly, 17(3):211-216.

DE CLERCQ D, THONGPAPANL N, DIMOV D. 2009. When good conflict gets better and bad conflict becomes worse: the role of social capital in the conflict-innovation relationship [J]. Journal of the Academy of Marketing Science, 37(3): 283-297.

DE DREU C K W. 2006. When too little or too much hurts: Evidence for a curvilinear relationship between task conflict and innovation in teams [J]. Journal of Management, 32(1): 83-107.

DE DREU C K W, WEINGART L R. 2003. Task versus relationship conflict, team performance, and team member satisfaction: A meta-analysis [J]. Journal of Applied Psychology, 88(4): 741-749.

DE DREU C K W, WEST M A. 2001. Minority dissent and team innovation: The importance of participation in decision making [J]. Journal of Applied Psychology, 86(6): 1191-1201.

DE STOBBELEIR K E M, ASHFORD S J, BUYENS D. 2011. Self-regulation of creativity at work: The role of feedback-seeking behavior in creative performance [J]. Academy of Management Journal, 54(4): 811-831.

DE WIT F R C, GREER L L, JEHN K A. 2012. The paradox of intragroup conflict: A meta-analysis [J]. Journal of Applied Psychology, 97(2): 360-390.

DEKKER H C. 2004. Control of inter-organizational relationships: evidence on appropriation concerns and coordination requirements [J]. Accounting, Organizations and Society, 29(1): 27-49.

DENISI A S, HITT M A, JACKSON S E. 2003. The knowledge-based approach to sustainable competitive advantage. In Jackson S E, Hitt M A, & DeNisi (Eds.) A S, Managing knowledge for sustained competitive advantage [M]. San Francisco: Jossey-Bass: 3-33.

DESIVILYA H S, SOMECH A, LIDGOSTER H. 2010. Innovation and Conflict Management in Work Teams: The Effects of Team Identification and Task and Relationship Conflict [J]. Negotiation and Conflict Management Research, 3(1): 28-48.

DITOMASO N, HOOIJBERG R. 1996. Diversity and the demands of leadership [J]. The Leadership Quarterly, 7(2): 163-187.

DONATI S. 2013. An Input-Process-Output Approach to Interorganizational Teams: The Influence of Work Group Diversity, Trust and Shared Leadership on Communication Network and Team Outputs. , [Dissertation thesis], Alma Mater Studiorum Università di Bologna. Dottorato di ricerca in Psicologia sociale, dello sviluppo e delle organizzazioni, 25 Ciclo.

DRACH-ZAHAVY A. 2011. Interorganizational teams as boundary spanners: The role of team diversity, boundedness, and extrateam links [J]. European Journal of Work and Organizational Psychology, 20(1): 89-118.

DRAZIN R, GLYNN M A, KAZANJIAN R K. 1999. Multilevel theorizing about creativity in organizations: A sensemaking perspective [J]. Academy of Management Review, 24(2): 286-307.

DRAZIN R, KAZANJIAN R K, GLYNN M. 2008. Creativity and sensemaking among professionals. In J. Zhou & C. E. Shalley (Eds.), Handbook of organizational creativity: Ch. 11. Hillsdale [M]. NJ: Erlbaum.

DU R, AI S Z. 2008. Cross-organizational knowledge acquisition through flexible hiring and joint R & D: Insights from a survey in China [J]. Expert Systems with Applications, 35(1): 434-441.

DUL J, CEYLAN C, JASPERS F. 2011. Knowledge workers' creativity and the role of the physical work environment [J]. Human Resource Management, 50(6): 715-734.

DUARTE M, DAVIES G. 2003. Testing the conflict-performance assumption in business-to-business relationships [J]. Industrial Marketing Management, 32(2): 91-99.

DURAND T. 2002. Observing the learning process in an inter-firm team [C]. The Euram Conference, May 2002, Stockholm.

EISENBEISS S A, VAN KNIPPENBERG D. 2008. Transformational Leadership and

Team Innovation: Integrating Team Climate Principles [J]. Journal of Applied Psychology, 93(6): 1438-1446.

ENSLEY M D, PEARSON A W, AMASON A C. 2002. Understanding the dynamics of new venture top management teams: Cohesion, conflict, and new venture performance [J]. Journal of Business Venturing, 17(4): 365-386.

ENSLEY M D, PEARSON A, PEARCE C L. 2003. Top management team process, shared leadership, and new venture performance: a theoretical model and research agenda [J]. Human Resource Management Review, 13(2): 329-346.

ENSLEY M D, HMIELESKI K M, PEARCE C L. 2006. The importance of vertical and shared leadership within new venture top management teams: Implications for the performance of startups [J]. The Leadership Quarterly, 17(3): 217-231.

ENZ M G, LAMBERT D M. 2012. Using cross-functional, cross-firm teams to co-create value: The role of financial measures [J]. Industrial Marketing Management, 41(3):495-507.

FAEMS D, VAN LOOY B, DEBACKERE K. 2005. Interorganizational Collaboration and Innovation: Toward a Portfolio Approach [J]. Journal of Product Innovation Management, 22(3): 238-250.

FAIRCHILD J, HUNTER S T. 2014. We've Got Creative Differences: The Effects of Task Conflict and Participative Safety on Team Creative Performance [J]. The Journal of Creative Behavior, 48(1): 64-87.

FARAJ S, SPROULL L. 2000. Coordinating expertise in software development teams [J]. Management Science, 46(12): 1554-1568.

FARH J L, LEE C, FARH C I C. 2010. Task Conflict and Team Creativity: A Question of How Much and When [J]. Journal of Applied Psychology, 95(6): 1173-1180.

FISHER R J. 2000. Intergroup conflict. In M. Deutsch, P. T. Coleman, & E. C. Marcus (Eds.), The handbook of conflict resolution: Theory and practice (2nd ed.) [M]. San Francisco, Jossey-Bass: 176-196.

FLETCHER J K, KÄUFER K. 2003. Shared leadership: paradox and possibility. In Pearce C L and Conger J A. (Eds), Shared Leadership: Reframing the Hows and Whys of Leadership [M]. Sage Publications, Thousand Oaks, CA: 21-47.

FORD C M, SULLIVAN D M. 2004. A time for everything: how the timing of novel contributions influences project team outcomes [J]. Journal of Organizational Behavior, 25(2): 279-292.

FORNELL C, LARCKER D F. 1981. Evaluating structural equation models with unobservable variables and measurement error [J]. Journal of Marketing Research, 18(1): 39-50.

GAJDA R. 2004. Utilizing collaboration theory to evaluate strategic alliances [J]. American Journal of Evaluation, 25(1): 65-77.

GARRISON G, WAKEFIELD R L, XU X B, KIM S H. 2010. Globally Distributed Teams: The Effect of Diversity on Trust, Cohesion and Individual Performance [J]. The DATA BASE for Advances in Information Systems, 41(3): 27-47.

GAVIN M B, HOFMANN D A. 2002. Using hierarchical linear modeling to investigate the moderating influence of leadership climate [J]. The Leadership Quarterly, 13(1): 15-33.

GELFAND M J, EREZ M, AYCAN Z. 2007. Cross-Cultural Organizational Behavior [J]. The Annual Review of Psychology, 58, 479-514.

GOCKEL C, WERTH L. 2010. Measuring and modeling shared leadership: Traditional approaches and new ideas [J]. Journal of Personnel Psychology, 9(4): 172-180.

GONG Y, KIM T Y, LEE D R, ZHU J. 2013. A Multilevel Model of Team Goal Orientation, Information Exchange, and Creativity [J]. Academy of Management Journal, 56(3): 827-851.

GUMUSLUOGLU L, ILSEV A. 2009. Transformational leadership, creativity, and organizational innovation [J]. Journal of Business Research,64(2): 461-473.

GUNDLACH M, ZIVNUSKA S, STONER J. 2006. Understanding the relationship between individualism-collectivism and team performance through an integration of social identity theory and the social relations model [J]. Human Relations, 59 (12): 1603-1632.

GUZZO R A, SHEA G P. (1992). Group performance and intergroup relations in organizations. In M. D. Dunnette & L. M. Hough (Eds.), Handbook of industrial and organizational psychology [M], Palo Alto, Psychological Press: 269-313.

HAGEDOORN J. 2002. Inter-firm R & D partnerships: an overview of major trends and patterns since 1960 [J]. Research Policy, 31(4): 477-492.

HAN H G, BAI Y. 2014. In need of each other: the moderator of task interdependence between LMX variability and justice [J]. Journal of Nursing Management, 22(6): 743-750.

HARRISON D A, PRICE K H, GAVIN J H, FLOREY A T. 2002. Time, teams, and task performance: Changing effects of surface- and deep-level diversity on group functioning [J]. Academy of Management Journal, 45(5): 1029-1045.

HARRISON D A, KLEIN K J. 2007. What's the difference? Diversity constructs as separation, variety, or disparity in organizations [J]. Academy of Management Review, 32(4): 1199-1228.

HE Y Q, DING X H, YANG K P. 2014. Unpacking the relationships between conflicts and team innovation: Empirical evidence from China [J]. Management Decision, 52(8): 1533-1548.

HENDEL T, FISH M, GALON V. 2005. Leadership style and choice of strategy in conflict management among Israeli nurse managers in general hospitals [J]. Journal of Nursing Management, 13(2): 137-146.

HINDS P J, MORTENSEN M. 2005. Understanding Conflict in Geographically Distributed Teams: The Moderating Effects of Shared Identity, Shared Context, and Spontaneous Communication [J]. Organization Science, 16(3): 290-307.

HOCEVAR D. 1981. Measurement of creativity: Review and critique [J]. Journal of Personality Assessment, 45(5): 450-464.

HOCH J E. 2013. Shared Leadership and Innovation: The Role of Vertical Leadership and Employee Integrity [J]. Journal of Business and Psychology, 28 (2): 159-174.

HODGKINSON G P, SADLER-SMITH E. 2003. Complex or unitary? A critique and empirical re-assessment of the Allinson-Hayes Cognitive Style Index [J]. Journal of Occupational & Organizational Psychology, 76(2): 243-268.

HOEGL M, PARBOTEEAH K P. 2007. Creativity in innovative projects: How teamwork matters [J]. Journal of Engineering and Technology Management, 24 (1): 148-166.

HOFMANN D A, GAVIN M B. 1998. Centering decisions in hierarchical linear models: Implications for research in organizations [J]. Journal of Management,

24(5): 623-641.

HOLLAND S, GASTON K, GOMEZ J. 2000. Critical success factors for cross-functional teamwork in new product development [J]. International Journal of Management Reviews, 2(3): 231-259.

HOMAYOUNI H, NEFF G, DOSSICK C. 2010. Theoretical categories of successful collaboration and BIM implementation within the AEC industry. In: Buwanpura, J, Mehamed, Y, and Lee, S. (Eds.) [M]. Banff, Alberta, Canada. American Society of Civil Engineers: 778-788.

HOMBURG C, PFLESSER C. 2000. A multiple-layer model of market-oriented organizational culture: Measurement issues and performance outcomes [J]. Journal of Marketing Research, 37(4): 449-462.

HONG Y Y, MORRIS M W, CHIU C Y, BENET-MARTINEZ V. 2000. Multicultural minds: A dynamic constructivist approach to culture and cognition [J]. American Psychologist, 55(7): 709-720.

HUANG J C. 2010. Unbundling task conflict and relationship conflict: the moderating role of team goal orientation and conflict management [J]. International Journal of Conflict Management, 21(3): 334-355.

HUANG J C. 2012. The relationship between conflict and team performance in Taiwan: the moderating effect of goal orientation [J]. The International Journal of Human Resource Management, 23(10): 2126-2143.

HUANG J W, LI Y H. 2009. The mediating effect ofknowledge management on social interaction and innovation performance [J]. International Journal of Manpower, 30(3): 285-301.

HUANG Y, WILKINSON I F. 2006. Understanding power and trust in interfirm relationships: A Dynamic Perspective [C]. 22nd IMP Conference, Milan, Italy.

HUANG S L, DING D H, CHEN Z. 2014. Entrepreneurial leadership and performance in Chinese new ventures: A moderated mediation model of exploratory innovation, exploitative innovation and environmental dynamism [J]. Creativity and Innovation Management, 23(4): 453-469.

HUMPHREYS M A, WILLIAMS M R, GOEBEL D J. 2009. The mediating effect of supplier oriented purchasing on conflict in inter-firm relationships [J]. Journal of Business & Industrial Marketing, 24(3/4): 198-206.

HÜLSHEGER U R, ANDERSON N, SALGADO J F. 2009. Team-Level Predictors of Innovation at Work: A Comprehensive Meta-Analysis Spanning Three Decades of Research [J]. Journal of Applied Psychology, 94(5):1128-1145.

JAMES L R, DEMAREE R G, WOLF G. 1984. Estimating within-group interrater reliability with and without response bias [J]. Journal of Applied Psychology, 69 (1): 85-98.

JASSAWALLA A R, SASHITTAL H C. 1998. An examination of collaboration in high-technology new product development processes [J]. Journal of Product Innovation Management, 15(3): 237-254.

JEHN K A. 1995. A multimethod examination of the benefits and detriments of intragroup conflict [J]. Administrative Science Quarterly, 40(2): 256-282.

JEHN K A, BENDERSKY C. 2003. Intragroup conflict in organizations: A Contingency Perspective on the Conflict-Outcome Relationship [J]. Research in Organizational Behavior, 25, 187-242.

JEHN K A, GREER L, LEVINE S, SZULANSKI G. 2008. The effects of conflict types, dimensions, and emergent states on group outcomes [J]. Group Decision and Negotiation 17(6): 465-495.

JEHN K A, RISPENS S, JONSEN K, GREER L. 2013. Conflict contagion: a temporal perspective on the development of conflict within teams [J]. International Journal of Conflict Management, 24(4): 352-373.

JONES C, LICHTENSTEIN B. 2008. Temporary inter-organizational projects: how temporal and social embeddedness enhance coordination and manage uncertainty, in Cropper, S., Ebers, M., Huxham, C. and Smith Ring, P. (Eds), The Oxford Handbook of Inter-Organizational Relations [M]. Oxford University Press, Oxford: 231-255.

KATZ-NAVON T Y, EREZ M. 2005. When collective-and self-efficacy affect team performance the role of task interdependence [J]. Small Group Research, 36(4): 437-465.

KAUFMANN G. 2003. What to measure? A new look at the concept of creativity [J]. Scandinavian Journal of Educational Research, 47(3): 235-251.

KEYTON J, FORD D J, SMITH F I. 2008. A mesolevel communicative model of collaboration [J]. Communication Theory, 18(3): 376-406.

KETCHEN D J, IRELAND R D, SNOW C C. 2007. Strategic entrepreneurship, collaborative innovation, and wealth creation [J]. Strategic Entrepreneurship Journal, 1(3-4): 371-385.

KING N, ANDERSON N. 1990 Innovation in working groups. In West, M. A. and Farr, J. L. (eds.). Innovation and Creativity at Work: Psychological and organizational strategies [M]. Chichester, England, Wiley: 81-100.

KIRKMAN B L, ROSEN B. 1999. Beyond self-management: Antecedents and consequences of team empowerment [J]. Academy of Management Journal, 42 (1): 58-74.

KLEIN K J, KNIGHT A P, ZIEGERT J C, LIM B C, SALTZ J L. 2011. When team members' values differ: The moderating role of team leadership [J]. Organizational Behavior and Human Decision Processes, 114(1):25-36.

KOZLOWSKI S W J, GULLY S M, NASON E R, SMITH E M. 1999. Developing adaptive teams: A theory of compilation and performance across levels and time. In D. R. Ilgen & E. D. Pulakos (Eds.), The changing nature of performance: Implications for staffing, motivation, and development [M]. San Francisco, Jossey-Bass: 240-292.

KRATZER J, LEENDERS R T A J, VAN ENGELEN J M L. 2004. Stimulating the potential: creataive performance and communication in innovation teams [J]. Creativity and Innovation Management, 13(1): 63-71.

KRAUT R E, FUSSELL S R, BRENNAN S E, SEIGEL J. 2002. Understanding effects of proximity on collaboration: Implications for technologies to support remote collaborative work [M]. P J Hinds, S Kiesler, eds. Distributed Work. MIT Press, Cambridge, MA:137-162.

KUHN T, POOLE M S. 2000. Do conflict management styles affect group decision making? Evidence from a longitudinal field study [J]. Human Communication Research, 26(4): 558-590.

LANGFRED C W. 2000. Work-Group Design and Autonomy: A Field Study of the Interaction Between Task Interdependence and Group Autonomy [J]. Small Group Research, 31(1): 54-70.

LANGFRED C W. 2005. Autonomy and Performance in Teams: The Multilevel Moderating Effect of Task Interdependence [J]. Journal of Management, 31(4):

513-529.

LANGFRED C W, SHANLEY M T. 2001. Small group research: Autonomous teams and progress in issues of context and levels of analysis. In R. Golembiewski (Ed.), Handbook of organizational behavior (2nd ed.) [M]. NewYork, Marcel Dekker: 81-111.

LARSSON A. 2007. Banking on social capital: towards social connectedness in distributed engineering design teams [J]. Design Studies, 28(6): 605-622.

LAWSON B, PETERSEN K J, COUSINS P D, HANDFIELD R B. 2009. Knowledge Sharing in Interorganizational Product Development Teams: The Effect of Formal and Informal Socialization Mechanisms [J]. Journal of Product Innovation Management, 26(2): 156-172.

LECHNER C, FRANKENBERGER K, FLOYD S W. 2010. Task contingencies in the curvilinear relationships between intergroup networks and initiative performance [J]. Academy of Management Journal, 53(4): 865-889.

LEE K C, LEE D S, SEO Y W. 2011. Effects of Shared Leadership on Team Creativity through Knowledge sharing in an e-Learning Environment [C]. In Proceedings of the 5th International Conference on Ubiquitous Information Management and Conmmuniation., ACM Press.

LENGERS J, DANT R P, MEISEBERG B. 2013. Conflict dynamics in interfirm relationships: An exploratory analysis of the importance of governance mechanisms [C]. Economics and Management of Networks Conference, Agadir, Morocco.

LI Y, FU F, SUN J M, YANG B. 2016. Leader-member exchange differentiation and team creativity: an investigation of nonlinearity [J]. Human Relations, 69(5): 1121-1138.

LI G Q, SHANG Y F, LIU H X, XI Y M. 2014. Differentiated transformational leadership and knowledge sharing: A cross-level investigation [J]. European Management Journal, 32(4): 554-563.

LIAO H. LIU D, LOI R. 2010. Looking at both sides of the social exchange coin: A social cognitive perspective on the joint effects of relationship quality and differentiation on creativity [J]. Academy of Management Journal, 53(5): 1090-1109.

LIDEN R C，ERDOGAN B，WAYNE S J，SPARROWE R T. 2006. Leader-member exchange，differentiation，and task interdependence：Implications for individual and group performance [J]. Journal of Organizational Behavior，27(6)：723-746.

LIN C P，BARUCH Y，SHIH W C. 2012. Corporate social responsibility and team performance：The mediating role of team efficacy and team self-esteem [J]. Journal of Business Ethics，108(2)：167-180.

LINDGREN M，PACKENDORFF J. 2011. Issues，Responsibilities and Identities：A Distributed Leadership Perspective on Biotechnology R & D Management [J]. Creativity and Innovation Management，20(3)：157-169.

LIU S，HU J，LI Y，WANG Z，LIN X. 2014. Examining the cross-level relationship between shared leadership and learning in teams：Evidence from China [J]. The Leadership Quarterly，25(2)：282-295.

LU L，ZHOU F，LEUNG K. 2011. Effects of task and relationship conflicts on individual work behaviors [J]. International Journal of Conflict Management，22 (2)：131-150.

LUI S S，NGO H Y，HON A H Y. 2006. Coercive strategy in interfirm cooperation：Mediating roles of interpersonal and interorganizational trust [J]. Journal of Business Research，59(4)：466-474.

LYNCH P，O'TOOLE T，BIEMANS W. 2014. From conflict to crisis in collaborative NPD [J]. Journal of Business Research，67(6)：1145-1153.

MADJAR N，OLDHAM G R，PRATT M G. 2002. There's no place like home? The contributions of work and nonwork creativity support to employees' creative performance [J]. Academy of Management Journal，45(4)：757-767.

MANCUSO V F，MCNEESE M D. 2012. Effects of Integrated and Differentiated Team Knowledge Structures on Distributed Team Cognition [C]. Proceedings of the human factors and ergonomics society 56th annual meeting：388-392.

MARKS M A，MATHIEU J E，ZACCARO S J. 2001. A temporally based framework and taxonomy of team processes [J]. Academy of Management Review，26(3)：356-376.

MC CLURE R E. 2010. The influence of organizational culture and conflict on market orientation [J]. Journal of Business & Industrial Marketing，25(7)：514-524.

MEDINA F J, MUNDUATE L, DORADO M A. 2005. Types of intragroup conflict and affective reactions [J]. Journal of Managerial Psychology, 20 (3/4): 219-230.

MENGUC B, AUH S. 2008. Conflict, leadership, and market orientation [J]. International Journal of Research in Marketing, 25(1): 34-45.

MIHALACHE O R, JANSEN J J P, VAN DEN BOSCH F A J, VOLBERDA H W. 2014. Top Management Team Shared Leadership and Organizational Ambidexterity: a Moderated Mediation Framework [J]. Strategic Entrepreneurship Journal, 8(2): 128-148.

MITTAL S, DHAR R L. 2015. Transformational leadership and employee creativity: Mediating role of creative self-efficacy and moderating role of knowledge sharing [J]. Management Decision, 53(5): 894-910.

MORGESON F P, DERUE D S, KARAM E P. 2010. Leadership in teams: A functional approach to understanding leadership structures and processes [J]. Journal of Management, 36(1): 5-39.

MUMFORD M D. 2000. Managing creative people: Strategies and tactics for innovation [J]. Human Resources Management Review, 10(3): 313-351.

MUNIZ J, BARTRAM D. 2007. Improving international tests and testing [J]. European Psychologist, 12(3): 206-219.

MUNKSGAARD K B, CLARKE A H, STORVANG P, ERICHSEN P G. 2012. Product development with multiple partners: Strategies and conflicts in networks [J]. Industrial Marketing Management, 41(3): 438-447.

MUTHUSAMY S K, WHITE M A. 2005. Learning and knowledge transfer in strategic alliances: a social exchange view [J]. Organization Studies, 26(3): 415-441.

NAHAPIET J E, GHOSHAL S. 1998. Social capital, intellectual capital, and the organizational advantage [J]. Academy of Management Review, 23 (2): 242-266.

NEMETH C J, PERSONNAZ B, PERSONNAZ M, GONCALO J A. 2004. The liberating role of conflict in group creativity: A study in two countries [J]. European Journal of Social Psychology, 34(4): 365-374.

NICOLAIDES V C, LAPORT K A, CHEN T R, TOMASSETTI A J, WEIS E J,

ZACCARO S J, CORTINA J M. 2014. The shared leadership of teams: A meta-analysis of proximal, distal, and moderating relationships [J]. The Leadership Quarterly, 25(5): 923-942.

NIETO M J, SANTAMARÍA L. 2007. The importance of diverse collaborative networks for the novelty of product innovation [J]. Technovation, 27(6): 367-377.

OH H, LABIANCA G, CHUNG M H. 2006. A multilevel model of group social capital [J]. Academy of Management Review, 31(3): 569-582.

OLDHAM G R, CUMMINGS A. 1996. Employee creativity: Personal and contextual factors at work [J]. Academy of Management Journal, 39(3): 607-634.

O'NEILL T A, ALLEN N J, HASTINGS S E. 2013. Examining the "Pros" and "Cons" of Team Conflict: A Team-Level Meta-Analysis of Task, Relationship, and Process Conflict [J]. Human Performance, 26(3):236-260.

PALETZ S B F, PENG K. 2009. Problem finding and contradiction: Examining the relationship between naive dialectical thinking, ethnicity, and creativity [J]. Creativity Research Journal, 21(2-3): 139-151.

PARAYITAM S, OLSON B J, BAO Y. 2010. Task conflict, relationship conflict and agreement-seeking behavior in Chinese top management teams [J]. International Journal of Conflict Management, 21(1): 94-116.

PARK J G, KWON B. 2013. Literature Review on Shared Leadership in Teams [J]. Journal of Leadership, Accountability and Ethics, 10(3): 28-36.

PANTELI N, SOCKALINGAM S. 2005. Trust and conflict within virtual inter-organizational alliances: a framework for facilitating knowledge sharing [J]. Decision Support Systems, 39(4): 599-617.

PEARCE C L. 2004. The future of leadership: combining vertical and shared leadership to transform knowledge work [J]. Academy of Management Executive, 18(1): 47-57.

PEARCE C L, CONGER J A. 2003. All those years ago: the historical underpinnings of shared leadership. In Pearce, C. L. and Conger, J. A. (Eds), Shared Leadership: Reframing the Hows and Whys of Leadership [M]. Sage Publications, Thousand Oaks, CA: 1-18.

PEARCE C L, CONGER J A, LOCKE E A. 2008. Shared leadership theory [M].

The Leadership Quarterly, 19(5): 622-628.

PEARCE C L, MANZ C C. 2005. The new silver bullets of leadership: The importance of self and shared leadership in knowledge work [J]. Organizational Dynamics, 34(2): 130-140.

PEARCE C L, SIMS JR, H P. 2000. Shared leadership: Toward a multi-level theory of leadership. In M. Beyerlein, D. Johnson, & S. Beyerlein (Eds.), Advances in interdisciplinary studies of work teams: Team leadership [M]. Greenwich, CT, JAI Press: 115-139.

PENG K, NISBETT R E. 1999. Culture, dialectics, and reasoning about contradiction [J]. American Psychologist, 54(9): 741-754.

PERRY M, PEARCE C L, SIMS H P. 1999. Empowered Selling Teams: How Shared Leadership Can Contribute to Selling Team Outcomes? [J]. Journal of Personal Selling & Sales Management, 14(3): 35-51.

PERRY-SMITH J E, SHALLEY C E. 2003. The social side of creativity: a static and dynamic causal network perspective [J]. Academy of Management Review, 28 (1):89-106.

PETERSON R S, BEHFAR K J. 2003. The dynamic relationship between performance feedback, trust, and conflict in groups: A longitudinal study [J]. Organizational Behavior and Human Decision Processes, 92(1): 102-112.

PITTINSKY T L, SIMON S. 2007. Intergroup leadership [J]. The Leadership Quarterly, 18(6): 586-605.

PIROLA-MERLO A, MANN L. 2004. The relationship between individual creativity and team creativity: Aggregating across people and time [J]. Journal of Organizational Behavior, 25(2): 235-257.

PRINTY S M, MARKS H M. 2006. Shared leadership for teacher and student learning [J]. Theory into Practice, 45(2): 125-132.

PROVAN K G, KENIS P N. 2008. Modes of network governance: Structure, management, and effectiveness [J]. Journal of Public Administration Research and Theory, 18(2): 229-252.

PUCK J, PREGERNIG U. 2014. The effect of task conflict and cooperation on performance of teams: Are the results similar for different task types? [J]. European Management Journal, 32(6): 870-878..

PURANAM P, SINGH H, ZOLLO M. 2006. Organizing for innovation: Managing the coordination-autonomy dilemma in technology acquisitions [J]. Academy of Management Journal, 49(2): 263-280.

QIAN C, CAO Q, TAKEUCHI R. 2013. Top management team functional diversity and organizational innovation in China: The moderating effects of environment [J]. Strategic Management Journal, 34(1): 110-120.

RAMESH B, TIWANA A. 1999. Supporting Collaborative Process Knowledge Management in New Product Development Teams [J]. Decision Support Systems,27(1):213-235.

RAMPERSAD G, QUESTER P, TROSHANI I. 2010. Examining network factors: commitment, trust, coordination and harmony [J]. Journal of Business & Industrial Marketing, 25(7): 487-500.

RAPP A A, BACHRACH D G, RAPP T L. 2013. The influence of time management skill on the curvilinear relationship between organizational citizenship behavior and task performance [J]. Journal of Applied Psychology, 98(4): 668-677.

REITER-PALMON R, ROBINSON-MORRAL E J, KAUFMAN J C, SANTO J B. 2012. Evaluation of self-perceptions of creativity: Is it a useful criterion? [J]. Creativity Research Journal, 24(2-3): 107-114.

RESE A, GEMUNDEN H G,BAIER D. 2013. 'Too Many Cooks Spoil The Broth': Key Persons and their Roles in Inter-Organizational Innovations [J]. Creativity and Innovation Management, 22(4): 390-407.

ROBERT L P. 2013. A multi-level analysis of the impact of shared leadership in diverse virtual teams [C]. Paper presented at the proceedings of the 2013 conferenceon computer supported cooperative work, San Antonio, Texas, USA.

ROSENKOPF L, ALMEIDA P. 2003. Over coming Local Search Through Alliances and Mobility [J]. Management Science, 46(6): 751-766.

RUSMAN E, VAN BRUGGEN J, SLOEP P, KOPER R. 2010. Fostering trust in virtual project teams: Towards a design framework grounded in a Trust Worthiness A Ntecedents (TWAN) schema [J]. International Journal of Human-Computer Studies, 68(11): 834-850.

RYU S, LEE E J, LEE W J. 2011. A cross-cultural study of interfirm power structure and commitment: the effect of collectivism [J]. Journal of Business &

Industrial Marketing, 26(2): 92-103.

SAAVEDRA R P, EARLEY P C, VAN DYNE L. 1993. Complex interdependence in task-performing groups [J]. Journal of Applied Psychology, 78(1): 61-72.

SAGIV L, ARIELI S, GOLDENBERG J, GOLDSCHMIDT A. 2010. Structure and freedom in creativity: The interplay between externally imposed structure and personal cognitive style [J]. Journal of Organizational Behavior, 31(8): 1086-1110.

SCHAFFER B S, RIORDAN C M. 2003. A review of cross-cultural methodologies for organizational research: A best-practices approach [J]. Organizational Research Methods, 6(2): 169-215.

SCHULZE A D, STADE M J C, NETZEL J. 2014. Conflict and Conflict Management in Innovation Processes in the Life Sciences [J]. Creativity and Innovation Management, 23(1): 57-74.

SETHI R, SMITH D C, PARK C W. 2001. Crossfunctional product development teams, creativity, and the innovativeness of new consumer products [J]. Journal of Marketing Research, 38(1): 73-85.

SHALLEY C E, GILSON L L. 2004. What leaders need to know: A review of social and contextual factors that can foster or hinder creativity [J]. The Leadership Quarterly, 15(1): 33-53.

SHALLEY C E, GILSON L L, BLUM T C. 2000. Matching creativity requirements and the work environment: Effects on satisfaction and intention to leave [J]. Academy of Management Journal, 43(2): 215-223.

SHALLEY C E, GILSON L L, BLUM T C. 2009. Interactive effects of growth need strength work context, and job complexity on self-reported creative performance [J]. Academy of Management Journal, 52(3): 489-505.

SHALLEY C E, ZHOU J, OLDHAM G R. 2004. The effects of personal and contextual characteristics on creativity: Where should we go from here? [J]. Journal of Management, 30(6): 933-958.

SHAPIRO D L, FURST S, SPREITZER G, VON GLINOW M. 2002. Transnational teams in the electronic age: Are team identity and high performance at risk? [J]. Journal of Organizational Behavior, 23(4): 455-467.

SHARMA R, YETTON P. 2007. The contingent effects of training, technical complexity, and task interdependence on successful information systems implementation [J]. MIS Quarterly, 31(2): 219-238.

SHAW J D, ZHU J, DUFFY K K, SCOTT K L, SHIH H A, SUSANTO E. 2011. A contingency model of conflict and team effectiveness [J]. Journal of Applied Psychology, 96(2): 391-400.

SHIN S J, KIM T K, LEE J Y, BIAN L. 2012. Cognitive team diversity and individual team member creativity: A cross-level interaction [J]. Academy of Management Journal, 55(1):197-212.

SHIN S J, ZHOU J. 2007. When is educational specialization heterogeneity related to creativity in research and development teams? Transformational leadership as a moderator [J]. Journal of Applied Psychology, 92(6):1709-1721.

SIEBDRAT F, HOEGL M, ERNST H. 2014. Subjective Distance and Team Collaboration in Distributed Teams [J]. Journal of Product Innovation Management, 31(4):765-779.

SIMMONS A L, PAYNE S C, PARIYOTHORN M M. 2014. The Role of Means Efficacy When Predicting Creative Performance [J]. Creativity Research Journal, 26(1): 53-61.

SIMONS T, PETERSON R. 2000. Task conflict and relationship conflict in top management teams: The pivotal role of intragroup trust [J]. Journal of Applied Psychology, 85(1): 102-111.

SOMECH A, DESIVILYA H S, LIDOGOSTER H. 2009. Team conflict management and team effectiveness: the effects of task interdependence and team identification [J]. Journal of Organizational Behavior, 30(3): 359-378.

SONG M, DYER B, THIEME R J. 2006. Conflict management and innovation performance: An integrated contingency perspective [J]. Academy of Management Journal, 34(3): 341-356.

SRIVASTAVA A, BARTOL K M, LOCKE E A. 2006. Empowering leadership in management teams: Effects on knowledge sharing, efficacy, and performance [J]. Academy of Management Journal, 49(6): 1239-1251.

STAPLES D S, WEBSTER J. 2008. Exploring the effects of trust, task interdependence and virtualness on knowledge sharing in teams [J]. Information Systems Journal, 18(6): 617-640.

STOCK R M. 2006. Interorganizational teams as boundary spanners between supplier and customer companies [J]. Journal of the Academy of Marketing Science, 34 (4): 588-599.

STOCK R M, HOYER W D. 2005. An Attitude-Behavior Model of Salespeople's Customer Orientation [J]. Journal of the Academy of Marketing Science, 33(4): 536-552.

STOCK G N, TATIKONDA M V. 2008. The joint influence of technology uncertainty and interorganizational interaction on external technology integration success [J]. Journal of Operations Management, 26(1): 65-80.

STOCK R M, ZACHARIAS N A. 2011. Patterns and performance out comes of innovation orientation [J]. Journal of the Academy of Marketing Science, 39(6): 870-888.

SWALLOW V, SMITH T, WEBB N J A, WIRZ L, QIZALBASH L, BRENNAN E, BIRCH A, SINHA M D, KRISCHOCK L, VAN DER VOORT J, KING D, LAMBERT H, MILFORD D V, CROWTHER L, SALEEM M, LUNN A, WILLIAMS J. 2015. Distributed expertise: qualitative study of a British network of multidisciplinary teams supporting parents of children with chronic kidney disease [J]. Child: Care, Health and Development, 41(1): 67-75.

SWANN W B, POLZER J T, SEYLE D C, KO S J. 2004. Finding value in diversity: Verification of personal and social self-views in diverse groups [J]. Academy of Management Review, 29(1): 9-27.

TAKEISHI A. 2001. Bridging Inter- and Intra-firm Boundaries: Management of Supplier Involvement in Automobile Product Development [J]. Strategic Management Journal, 22(5): 403-433.

TEKLEAB A G, QUIGLEY N R, TESLUK P E. 2009. A longitudinal study of team conflict, conflict management, cohesion, and team effectiveness [J]. Group and Organization Management, 34(2): 170-205.

THORPE R, GOLD J, LAWLER J. 2011. Locating Distributed Leadership [J]. International Journal of Management Reviews, 13(3): 239-250.

TIERNEY P, FARMER S M, GRAEN G B. 1999. An examination of leadership and employee creativity: The relevance of traits and relationships [J]. Personnel Psychology, 52(3): 591-620.

TILLEMA S. 2005. Towards an integrated contingency framework for MAS sophistication: Case studies on the scope of accounting instruments in Dutch power and gas companies [J]. Management Accounting Research, 16(1):101-129.

TJOSVOLD D. 1997. Conflict within interdependence: Its value for productivity and individuality. In C. K. W. De Dreu & E. Van de Vliert(Eds.), Using conflict in organizations [M]. London, Sage Publication: 23-37.

TJOSVOLD D, POON M, YU Z Y. 2005. Team Effectiveness in China: Cooperative Conflict for Relationship Building [J]. Human Relations, 58(3): 341-367.

TJOSVOLD D, LAW K S, SUN H. 2006. Effectiveness of Chinese Teams: The Role of Conflict Types and Conflict Management Approaches [J]. Management and Organization Review,2(2): 231-252.

UNSWORTH K L, WALL T D, CARTER A. 2005. Creative requirement: A neglected construct in the study of employee creativity [J]. Group and Organization Management, 30(5): 541-560.

VAN DER VEGT G, EMANS B, VAN DE VLIERT E. 2000. Team members' affective responses to patterns of intragroup interdependence and job complexity [J]. Journal of Management, 26(4): 633-655.

VAN DER VEGT G, JANSSEN O. 2003. Joint Impact of Interdependence and Group Diversity on Innovation [J]. Journal of Management, 29(5): 729-751.

VAN DER VEGT G, VAN DE VLIERT E. 2005. Effects of perceived skill dissimilarity and task interdependence on helping in work teams [J]. Journal of Management, 31(1): 73-89.

VAN GILS M. 1998. Interorganizational Networks. In J. D. Drenth (Ed.) Organizational Psychology [M]. Psychology Press, 4, 89-109.

VAN KNIPPENBERG D. 1999. Social identity and persuasion: Reconsidering the role of group membership. In D. Abrams & M. A. Hogg (ed.), Social identity and social cognition [M]. Oxford, Blackwell Publishers: 315-331.

VAN KNIPPENBERG D, DE DREU C K W, HOMAN A C. 2004. Work group diversity and group performance: an integrative model and research agenda [J]. Journal of Applied Psychology, 89(6): 1008-1022.

WANG S. 1997. Impact of information technology on organizations [J]. Human

System Management, 16(2): 83-90.

WANG X H, HOWELL J M. 2012. A multilevel study of transformational leadership, identification, and follower outcomes [J]. The Leadership Quarterly, 23(5): 775-790.

WANG P, RODE J C. 2010. Transformational leadership and follower creativity: The moderating effects of identification with leader and organizational climate [J]. Human Relations, 63(8): 1105-1128.

WANG D, WALDMAN D A, ZHANG Z. 2014. A meta-analysis of shared leadership and team effectiveness [J]. Journal of Applied Psychology, 99(2): 181-198.

WEBBER S S, DONAHUE L M. 2001. Impact of highly and less job-related diversity on work group cohesion and performance: A meta-analysis [J]. Journal of Management, 27(2): 141-162.

WEBER W G. 1997. Analyse von Gruppenarbeit. Kollektive Handlungsregulation in soziotechnischen Systemen [M]. Bern: Huber.

WELCH C, WILKINSON I. 2005. Network perspectives on interfirm conflict: reassessing acritical case in international business [J]. Journal of Business Research, 58(2): 205-213.

WEST M A, HIRST G. 2003. Cooperation and teamwork for innovation. In M. A. West., d. Tjosvold, and K. G. Smith (eds.): International Handbook of Organizational Teamwork and Cooperative Working [M]. Chichester: John Wiley Sons, Ltd: 297-319.

WOOD M S, FIELDS D. 2007. Exploring the impact of shared leadership on management team member job outcomes [J]. Baltic Journal of Management, 2(3): 251-272.

XIE X Y, WANG W L, LUAN K. 2014. It is Not What We Have, But How We Use It: Re-Exploring the Relationship between Task Conflict and Team Innovation Based on Resource-Based View [J]. Group Processes & Intergroup Relations, 17(2): 240-251.

YANG J T. 2007. Knowledge sharing: Investigating appropriate leadership roles and collaborative culture [J]. Tourism Management, 28(2): 530-543.

YANG J, MOSSHOLDER K W. 2004. Decoupling task and relationship conflict: the role of intragroup emotional processing [J]. Journal of Organizational Behavior,

25(5):589-605.

YAO X, YANG Q, DONG N, WANG L. 2010. Moderating effect of Zhong Yong on the relationship between creativity and innovation behavior [J]. Asian Journal of Social Psychology, 13(1): 53-57.

YIP G, MCKERN B. 2014. Innovation in emerging markets-the case of China [J]. International Journal of Emerging Markets, 9(1): 2-10.

YONG K, SAUER S J, MANNIX E A. 2014. Conflict and Creativity in Interdisciplinary Teams [J]. Small Group Research, 45(3): 266-289.

YOSHIDA D T, SENDJAYA S, HIRST G, COOPER B. 2014. Does servant leadership foster creativity and innovation? A multi-level mediation study of identification and prototypicality [J]. Journal of Business Research, 67(7): 1395-1404.

ZHANG Z X, ZHANG M L. 2013. Guanxi, Communication, Power, and Conflict in Industrial Buyer-Seller Relationships: Mitigations Against the Cultural Background of Harmony in China [J]. Journal of Business-to-Business Marketing, 20(2):99-117.

ZHOU J, SHALLEY C E. 2003. Research on employee creativity: A critical review and directions for future research [J]. Research in Personnel and Human Resources Management, 22(3): 165-217.

ZHOU J, SHALLEY C E. 2008. Expanding the scope and the impact of organizational creativity research. In J. Zhou & C. E. Shalley (Eds.), Handbook of organizational creativity [M]. Hillsdale, Erlbaum: 347-368.

ZHOU J, SHIN S J, CANNELLA A A. 2008. Employee self-perceived creativity after mergers and acquisitions: Interactive effects of threat-opportunity perception, access to resources, and support for creativity [J]. Journal of Applied Behavioral Sciences, 44(4): 397-421.

ZHOU N, ZHUANG G, YIP L S C. 2007. Perceptual difference of dependence and its impact on conflict in marketing channels in China: An empirical study with two-sided data [J]. Industrial Marketing Management, 36(3):309-321.

ZUCKERMAN D, HIGGINS M. 2002. Optimizing cross-organizational team performance and management [J]. Pharmaceutical Technology North America, 26(6): 76-80.